双孢菇栽培料
一次发酵

北京市顺义田野食菌公司
的蒸汽锅炉

双孢菇栽培料一次
发酵后进菇房

北京金倍白灵菇
工厂化生产

双孢菇标准化生产与采收

白灵菇包装贮运

北京市小汤山科技
园区灵芝的嫁接

沃尔玛超市蘑菇上架

北京市小汤山科技
园区温室灵芝

利用山洞反季节
生产杏鲍菇

超市蘑菇一角

利用山洞反季节
生产杏鲍菇

城郊新农村建设丛书

城郊农村如何发展食用菌业

陈青君 编著

金盾出版社

内 容 提 要

本书为“城郊新农村建设丛书”的一个分册。内容包括:城郊食用菌产业现状和发展趋势,城郊食用菌产业利润的主要途径,城郊食用菌产业的主要类型和模式,城郊食用菌标准化生产技术,城郊食用菌产业的经营管理及政府支持。内容丰富,见解独到,通俗易懂,科学实用,适合城郊食用菌种植企业的领导和广大菇农阅读,可供政府的相关工作人员、技术人员和有志食用菌产业的从业者参考。

图书在版编目(CIP)数据

城郊农村如何发展食用菌业/陈青君编著. —北京:金盾出版社,2006.3

(城郊新农村建设丛书)

ISBN 978-7-5082-3943-9

Ⅰ.城… Ⅱ.陈… Ⅲ.食用菌业-蔬菜业-经济发展-研究-中国 Ⅳ.F326.3

中国版本图书馆 CIP 数据核字(2006)第 012175 号

金盾出版社出版、总发行

北京太平路 5 号(地铁万寿路站往南)

邮政编码:100036 电话:68214039 83219215

传真:68276683 网址:www.jdcbs.cn

彩色印刷:北京精美彩印有限公司

黑白印刷:双峰印刷装订有限公司

装订:双峰印刷装订有限公司

各地新华书店经销

开本:850×1168 1/32 印张:3.875 彩页:4 字数:71 千字

2012 年 6 月第 1 版第 6 次印刷

印数:46 001~54 000 册 定价:9.00 元

序

全面建设小康社会重点在农村，难点也在农村。党中央审时度势、高屋建瓴，适时提出建设社会主义新农村的重大历史任务。党的十六届五中全会提出社会主义新农村建设的宏伟目标是：生产发展、生活宽裕、乡风文明、村容整洁、管理民主，这五个方面体现了经济建设、政治建设、文化建设、社会建设四位一体的发展布局，为我们清晰地勾画出了社会主义新农村的美好前景和实现途径。

多年来，以北京农学院院长工有年教授为代表的一人批长期致力于城郊农业、农民与农村问题以及都市型现代农业研究的专家、学者，一直坚持"立足京郊，服务三农"的方针，以科教文为主导战略，以科教兴村为主线，开展了形式多样的科教兴村富民活动，结合城市郊区的实际情况，摸索出了许多各具特色的解决城市郊区"三农"问题的模式与经验，取得了丰硕的成果。春江水暖鸭先知，党的十六届五中全会决议公布后，他们及时领悟到了党中央英明决策的时代内涵和作为研究"三农"问题的学者所肩负的历史使命。他们深切地感受到，城市郊区与传统意义上的农村具有不同的特点，而且，城市郊区在新农村建设，乃至实现社会主义小康社会宏伟目标方面具有举足轻重的地位。基于上述认识，从2004年4月开始，北京农学院的部分学者、专家与同样负有使命感的金盾出版社的同志们就开始研究如何编写一套体现城市郊区特点的、适合广大农村基层干部和有一定文化水平农民阅读的普及性丛书，其目的在于认真总结科教兴村的理论与实践，形成规律性认识，从而使全国的科教兴村工作水平不断提高。同时，借鉴近年来涌现出的新理论和新技术，以科教兴村为载体更好地推进城郊新农村建设步伐。因此，编委会以服务城郊新农村建设为宗旨，以强村富民为中心，围绕都市农业、结构调整、科技需求、农产品贸易、组织创新、小城镇建设等热点问题，提炼出14个专题，分别成册。

各分册作者均为工作在相关领域教学、科研第一线的中青年专家、学者，他们大多具有硕士、博士学位。他们长期致力于"三农"问题的研究，始终用自己所学的知识服务于京郊大地，把论文写在京郊大地上，对京郊乃至全国农业、农村、农民问题有着深切的感受和较多的关注，在相关领域均做出不菲成绩。在编写过程中，他们融合了北京市社科基金项目"科教兴村的理论与实证研究"取得的成果，以实际、实用、实效和突出新理念与新科技为原则，体现时代性、科学性和前瞻性，融思想的先进性、知识的可读性和实践的可操作性于一体。经过一年多的不懈努力，广泛征求各方面的意见，精益求精，几易其稿，终于完成了编写任务。功夫不负有心人，整套丛书深入浅出，通俗易懂，特色鲜明，针对性和实用性强。

我认为，建设社会主义新农村是一个长期奋斗的过程，需要付出艰苦的努力。改革开放以来，我国人民在党的领导下，凭着自己的智慧、能力和汗水，取得了经济社会发展的巨大成就，也初步走出了一条生产发展、生活富裕、生态良好的文明发展道路。广大农民群众在改革发展的实践中，迸发出无穷智慧，创造了无数奇迹。今天，我们正站在一个新起点上，我相信，这套丛书肯定会成为农村、特别是城郊农村干部与群众的好帮手，对其他地区的农村干部和群众也具有重要的指导意义。

这套丛书也为即将迎来的北京农学院五十周年华诞献上一份

重重的厚礼。我衷心祝愿，北京农学院广大师生能够传承先进文化，推广现代科技，培育新型农民，为社会主义新农村建设做出新贡献，创造辉煌成就。

农业部原副部长
中国农学会名誉会长

二〇〇六年二月六日

前　言

随着城市人口迅速增加和人们对菌类食品认识的提高，城市食用菌消费量猛增，鲜食食用菌的种类也越来越多，各种菇类食品应市而生。食用菌类具有极强的降解有机物质的能力，可以把农林副产品的废弃物转化为美味、营养、药用于一体的菇蕈产品，同时产生的菇渣又是农作物很好的有机肥，它在农业生物链中起着重要的作用。在农业结构调整中食用菌产业已经成为今后一个时期农业和农村工作的重要着眼点。城郊农村如何发展这个朝阳的产业，从而使之向着标准化、规范化、安全方向发展，已是城郊县村政府部门、食用菌经营者及广大的科技工作者共同关心的问题。

本书在参阅有关资料的基础上，对食用菌发展的现状、趋势、食用菌产生利润的途径、目前城郊生产的主要类型模式、标准化生产技术和经营管理等进行了论述，同时向政府部门提出了希望和建议，希望能对大家提供参考。

在编写过程中，得到了北京食用菌协会陈文良老师的大力支持，北京密云食用菌试验站和北京金信食用菌有限公司提供了部分照片，在此一并表示感谢。

由于时间仓促，作者水平有限，书中错误之处敬请读者批评指正。

编 著 者

2006.1.25

目　录

第一章　城郊食用菌产业发展现状和发展趋势

一、城郊食用菌产业发展现状

食用菌是典型的劳动密集型产业，在自然优势、劳动力资源和技术力量上，优势都比较明显，是我国加入世贸组织后农业参与国际竞争的优势产业之一。据统计，2002年以来我国食用菌产量一直占全球总产量的60%以上，已是全球食用菌产业大国。

近年来，随着城市人口迅速增加和经济建设的飞速发展，北京、上海、广州等大城市郊区的食用菌产业都有了长足的发展，已成为重要的富民项目，成为菜篮子工程不可缺少的组成部分，成为现代农业新的经济增长点。据统计，2003年北京食用菌总产量已达到28 407吨，上海41 283吨，天津5 925吨。2003年全国食用菌总产量10 386 900吨。城郊食用菌产业发展迅速，基本现状是：

第一，总产量急剧增加。如2001年北京食用菌总产量是1980年总产量5吨的4 537倍，是1990年总产量3 500吨的6.5倍。近3年食用菌年度平均增长率为25.28%。

第二，向多品种发展。生产品种已由原来的平菇、香菇为主的状况，发展到目前的已具有平菇、香菇、金针菇、双孢菇、草菇、白灵菇、杏鲍菇、茶树菇、木耳菌、鸡腿菇、真姬菇、灰树花、姬松茸、猴头菌、灵芝等 20 余个品种的发展格局。

第三，城郊食用菌产业多种运行模式并存。随着食用菌产业的集约化发展，一些企业公司采取公司＋基地＋农户的运行模式，公司提供菌种和技术，农民种菇，公司负责销售产品。这种模式主要是由公司经营产品，参与市场竞争。城郊食用菌产业化的进步，大大促进了这种模式的发展。同时，还存在大量的个体菇农自主经营的运行模式。

第四，创建公司、树立品牌。为适应食用菌国内、外市场的需要，北京、上海、广州目前已建立百余家食用菌有限公司，城郊食用菌行业向产业化方向发展。各公司纷纷树立品牌，参与市场竞争。如北京市密云县食用菌试验站生产的“生茂牌”鲜菇，已打入北京市各四星级和五星级大饭店和大型超市，市场占有率已达到50％。北京金信食用菌有限公司生产经营的“白灵牌”白灵菇已广泛占领市场。上海浦东孙桥天厨菇业的白色金针菇，也获得了较好的经济效益和社会效益。

第五，吸收外资，共同发展。在北京，为促进食用菌产业发展，满足市场需求，近年北京大量引进外资，建立数家独资或融资食用菌企业。如北京洪景兰农业技术推广有限公司（房山），吸收台湾资金，投资 4 000 万元重点生产长寿牌纯白金针菇，销往香港、东南亚等地。北京深港食用菌有限公司（房山），吸收外资发展食用菌深加工业，还有北京冠荣养菌场有限公司（通州）、北京爱麓食用菌有限公司(昌平)等。北京引资的各项优惠政策,为外商企业发展带来了实惠。

第六,城郊食用菌生产的科技含量不断提高。近年城郊食用菌生产科技含量逐年提高。北京基本实现了食用菌良种化,良种覆盖率已超过90%。栽培技术有了明显提高,食用菌总体生物学效率达到90%~150%。

二、城郊食用菌产业发展的意义和发展趋势

(一)城郊食用菌产业发展的意义

1. 食用菌产业在城郊农业产业结构调整中具有重要作用　随着农业和农村经济在我国进行的战略性结构调整,农业结构调整已成为今后一个时期农业与农村工作的中心任务和主要着眼点。

农业结构的调整包括调整产业结构、产品结构和区域经济结构。其目标是适应消费观念和生活方式的转变,满足多层次需求,瞄准国内、外经济一体化的大市场,实施集约经营,持续发展战略,大力发展养殖业和农副产品加工,发展高附加值产品和依托资源、技术与劳动力优势的产品,实现优质、高产、高效,以提高市场竞争能力,达到农民增收的目的。食用菌产业经济自身的特点完全符合上述目标,因而成为农业结构调整中首选项目之一。

2. 菌业经济是城郊农民致富的好途径　食用菌产业属劳动密集型、低成本产业,食用菌类的生产可以充分发挥农村劳动力优势,尤其是利用闲散、辅助劳力;生产场

地可以因地制宜，利用闲置建筑和设施，或在农林作物行间套种，一田多用，实现国土资源的综合利用；原料方面，秸秆、枝杈、木屑等农、林、副业下脚料均可作为生产食用菌类的基料。因此，食用菌产业具有投资少、成本低的特点，其经济效益要比瓜果等作物高出5～10倍，特别是一些珍稀品种，效益更为可观。

3. 菌业经济对于资源有效利用和可持续发展有重要意义

第一，食用菌类具有极强的降解有机物质的能力，可以分解利用一般动植物无法利用的纤维素、木质素，将农、林、副业的生产废弃物转化为美味的菇蕈产品；同时，又避免了燃烧秸秆造成的环境污染。北京市每年产生农林业秸秆300万吨，用于饲料、肥料、燃料后，尚余20%得不到有效利用，焚烧秸秆的情况时有发生。如将这部分秸秆用于食用菌生产，可使北京市人均年消费食用菌达到香港现在的水平，并且从根本上解决焚烧秸秆造成的环境污染问题。又如“中国苹果之都”山东省栖霞市，拥有果园4.34万公顷，每年修剪下来的枝条可达20多万吨。以前这些废弃枝条只能作为烧柴，一堆堆、一垛垛的摆放在村民的房前屋后，既浪费了资源，又影响村容村貌，成为农村精神文明建设的一个难题。如今果树枝条已作为生产食用菌的营养料，昔日的炉中柴—果树枝变成了“金枝”，演绎成了红红火火的“树枝经济”。

第二，食用菌类的生产过程基本不使用化肥与农药，其培养料大多经灭菌或发酵处理，避免有毒有害物质的污染。

第三，食用菌生产的下脚料——菌糠，是氮、磷、钾含量高于人、畜粪尿的优质有机肥。每吨干菌糠约相当于22千克尿素、62千克碳铵、51千克过磷酸钙、11千克氯化钾。使用菌糠可以减少化肥使用量，降低农业成本。同时，增加土壤有机质含量，改善土壤结构，延缓盐渍化过程，增产幅度达9%～28%，并可提高产品品质与风味，有利于有机食品生产。

总之，菌类是自然界食物链中不可缺少的一环，在自然物质循环中起着重要的作用，因而赋予食用菌产业绿色、环保、清洁生产和可持续发展的特性。

4. 食用菌产业带动了相关产业的发展　我国食用菌生产的发展不仅使农、林、副业的下脚料得到充分利用，化废为宝，而且带动了相关产业的发展。像塑料袋、塑料筒、塑料布、农膜、农药、试剂、化肥、菌业机械等，这些都由于菌业的发展而发展。据中国食用菌商务网的调查，目前全国菌种、菌需物质和投入品市场份额很大，约100亿元以上，其中菌种约30亿元，栽培料约40亿元，菌袋类约9亿元，农药、肥料约10亿元，菌业设备5亿元。

5. 菌类产品对人们的健康具有重要作用　食用菌是高蛋白、低热能食品，其蛋白质含量高于一般蔬菜。并且富含维生素、矿物质和膳食纤维，以及多糖等活性成分，起到补充营养、调节代谢、防病健身和治疗疾病的作用。我国食用菌类的栽培与食用渊源流长。其烹调方法十分丰富，在传统饮食文化中占有很重要的位置。近代由于驯化与栽培技术的进步,使菌类生产的品种、数量不断增加,成本不断降低。昔日山珍已经进入普通百姓的菜篮子。但是,与发达国家相比,我国人均年消费食用菌尚不足1千克,还有很大的发展空间。当前,我国人民正从温饱步入小康的时候,吃出美味,吃出营养,吃出健康已是人们的追求。菌业经济既可以面向餐桌经济,又可以向食品、保健品加工和制药工业延伸。因此,未来对人们的健康会有更大的影响。

(二)城郊食用菌产业发展的趋势

近年来,我国食用菌产业有了长足的发展,成为农村重要的富民项目,成为我国现代农业新的经济增长点。据中国食用菌协会统计,2003年全国食用菌总产量已达到1038万吨,占世界食用菌总产量的70%左右,创年度总产值438亿元。城市郊区的食用菌发展也与全国一样,总的发展趋势如下。

1. 食用菌总产量正在快速增长 近3年全国食用菌总产量平均递增16.13%。北京、上海等城郊食用菌产业年平均递增高于全国,如北京2003年年产2.84万吨比2002年年产2.37万吨增长19.8%。

2. 食用菌品种将更加丰富 我国食用菌种类已由20世纪70年代的已知种300种,增加到目前的981种。栽培菇种由20世纪70年代的16种,增加到目前的92种。批量生产的种类已由20世纪70年代的9种,增加到目前的50余种。据中国食用菌协会统计,2003年全国栽培面积大、总产量高的五大菇类依次是平菇(273万吨,含小平菇)、香菇(222.7 万吨)、木耳菌(165.4 万吨,含毛木耳)、双孢蘑菇(133 万吨)和金针菇(55.7 万吨)。上列五大菇类产量依次占全国食用菌当年总产量的 26.3%、21.4%、15.9%、12.8%和 5.4%。

我国珍稀食用菌品种发展很快。2003 年茶树菇年产 9.2 万吨,杏鲍菇年产 11.4 万吨,白灵菇年产 5.2 万吨,鸡腿菇年产 17.7 万吨,分别比 2002 年增加 92%,57.7%,52.1%和 13.4%。这四种菇类平均年递增率 53.8%,是2003 年全国食用菌总产量平均年递增率的 2.9 倍。城市郊区珍稀食用菌品种发展更快,如北京 2003 年白灵菇年产 1 964 吨,杏鲍菇年产 989 吨,茶树菇年产 284 吨,分别比 2002 年增加 60.6%、52.4%和 2.6%。

3. 食用菌产业多种发展模式并存 在我国城郊农村有大量的个体农民生产和经营食用菌,他们自主种菇,自主经销,直接参与食用菌生产与市场流通活动。据不完全统计,全国食用菌及其相关产业从业人员约 2 000 万～3 000 万人。这是我国食用菌生产发展最早,目前仍大量存在的运行模式。这种运行模式为我国食用菌总产量的增加起着重要作用。但因其规模小,条件有限,有的菇类质量较差。

随着食用菌产业的发展和其重要性的增加,近 10 年以从事食用菌生产、加工、经销、餐饮为主的公司企业迅速增加,其中有影响的企业有数十家。许多公司采取“公司＋基地＋农户”的运行模式从事企业生产经营活动。

公司除自己种菇或加工外，有的公司还为农民提供菌种和技术，农民种菇，公司回收产品。很多公司企业规模化、机械化和现代化水平较高，已创出名牌产品，发展成为龙头企业，带动了当地的食用菌产业的发展和农民致富，具有广阔的发展前景。这种运行模式将是我国城郊食用菌产业的发展方向。

除上述二种基本运行模式外，还存在其他过渡的运行模式，如种菇专业生产合作社和农民种菇协会等。

4. 食用菌产业已成为城郊农村的重要产业 据中国食用菌协会的统计表明，2003 年我国食用菌年度总产值已排在粮、棉、油、菜、果之后，列种植业中第六位，在增加农村财政收入、农民致富、市场供应和出口创汇等多方面发挥了重要作用。食用菌年产值超过 3 亿元的县，全国有 24 个；产值达到 1 亿～3 亿元的县有 62 个；产值 5 000 万元至 1 亿元的县有 109 个(其中有北京市房山区)；产值 2 000 万～5 000 万元的县有 142 个(其中有北京市通州区)；产值 1 000 万元的县有 162 个(其中有北京市顺义区)。在这些重点产区，食用菌生产已成为当地的支柱产业，其产值已占农业总产值的 20%～30%，或者更高。就农民收入而言，一般种植 667 平方米地食用菌纯收入可达到 0.8 万～2 万元，已成为城郊农民收入的重要来源。

5. 标准化、工厂化栽培将是菌业的主要发展方向 根据中国食用菌协会三届五次常务理事会议精神，我国今后食用菌产业的工作重点是：进行标准化生产，坚定地由数量发展型向质量效益型转变，在提高菇类产品质量和增加经济效益上狠下功夫,完成我国食用菌产业从粗放型向精准型的转变。食用菌产品必须优质、安全卫生,达到无公害,这也是城郊食用菌产业的努力方向。对于设施条件较好的企业,工厂化栽培是其努力的方向。目前天厨菇业工厂化栽培的金针菇每667平方米产量达到了10万千克,是传统方式的50倍,作业人员的实物劳动生产量人均达到每年2万千克,是普通农民手工种植的20倍。工厂化栽培前景广阔。

6. 向反季节生产和名贵食用菌方向发展　据中国食用菌协会的统计表明,2004年我国食用菌年总产量达700万吨,产季集中在10月份至翌年4月份。每年夏、秋两季,气温较高,多数食用菌品种在这个季节都难正常栽培,但市场需求并没有因此而减少。目前,我国反季节栽培较为成功的食用菌品种是袋料香菇,原来集中在10月至翌年4月出菇,现在人为控制在夏、秋季节出菇。反季节金针菇在南方各省栽培也较成功,正常出菇季节为初冬11月下旬至翌年春季4月末,经过努力探索解决了在夏季出菇的高温难题,使金针菇在每年4月至10月正常出菇,满足了夏季人们对金针菇的需求。反季节栽培成功的珍稀食用菌有白灵菇、鸡腿菇、杏鲍菇等。只有使食用菌市场供应淡季不淡,菇农的经济效益才能大幅度地提高。

名贵食用菌,味道鲜美,营养丰富,是城乡居民餐桌上的佳肴。不仅如此,其中好多品种还具有较强的保健作用,能够预防和治疗多种疾病。如鸡腿菇它形如鸡腿,味道鲜美。栽培无技术难度并且产量高,市场售价比平菇高1.5倍左右。大盖球菇肉质清香可口,国内市场鲜品每千克6～12元,国际市场鲜品每千克5～7美元,干品每千克50美元左右,是国际菇类交易市场畅销的十大菌品之一。灰树花烧汤味道清香,炒食肥嫩爽口,含有多糖,是一种药食兼优的名贵真菌。茶树菇营养丰富,清香味美,该菇每千克在150元左右,是高档出口菌品。真姬菇菌肉较为肥厚,菌柄脆嫩,香甜味美。栽培同平菇,粗放简易,国际市场货源不足,是出口创汇的大宗食用菌。姬松茸具有杏仁的独特香味,蛋白质和糖质的含量为香菇的2倍。盖囊菇又叫高温平菇,菌肉脆,无纤维状物,夏季出菇,可弥补市场鲜菇不足,是一种新品种。白背木耳其面黑背白,肉质鲜嫩,味道适合,售价比普通木耳高5倍左右,是外贸出口的优良菌种。紫木耳肉质脆嫩,味道独特,既具有黑木耳的柔软性,又具有毛木耳的清脆性,且抗逆性强,产量也很高。

7. 各级协会的桥梁纽带作用充分显现 随着市场经济的发展,行业协会所起的作用越来越大。多年来,中国食用菌协会和一些省(市)食用菌协会(学会),在促进食用菌产业发展,举办学术技术交流,开展科学技术普及,进行人才培训,主持参与成果验收鉴定,向政府有关部门提出合理化建议等方面做了大量工作,发挥了很好作用。特别是中国食用菌协会,近年来与国务院有关部委密切联系,沟通情况,共同为我国食用菌产业发展做了许多实事。随着食用菌产业的发展,协会的这些工作显得更加重要。

第二章　城郊食用菌产业产生利润的主要途径

食用菌产业是世界公认的集经济效益、社会效益和生态效益于一体的朝阳产业，食用菌被誉为21世纪的绿色保健食品，生产以每年10％的速度递增，消费量以每年5％～20％的速度递增，发展前景广阔，市场潜力巨大。特别近几年以鲜菇为主的国内外市场平稳增长，鲜菇消费市场正由南方向北方转移，这为城郊食用菌产业的发展提供了契机。

一、鲜品销售

城郊距离市区近，交通便利，信息快捷，鲜品销售是城郊食用菌生产产生利润的最佳途径。鲜品销售有多种途径，一是个体菇农直接进入市场批发自己生产的产品；二是个体或企业收购的产品进入市场批发；三是个体或企业直接给超市供货。

目前大城市的批发市场食用菌的走向还是以小商贩为主，批发出的食用菌进入农贸市场和小区零售店。其销售方式的主要供应渠道是中、小型宾馆饭店、广大市民，这种形式适合于平菇、香菇等大宗菇种，是目前的主流。但这种方式不适合中、高档个人消费者的消费理念，所以珍稀菇种，高档菇的消费受到限制。超市销售则涵盖了高、中、低档各类食用菌，销售目标也是直接进入百姓家庭。进入超市的食用菌通常是经过筛选、加工、包装的优质品种，这样更容易被多层面的市民所接受。但超市的销售必须保证四季常年供货，每天都要保证有十几个品种，使顾客有充分的选择余地。

据调查北京、上海、广州等大城市的超市已经出现食用菌专柜，如在北京的沃尔玛、家乐福、超市发等大型连锁超市设立的食用菌专柜，常年供应品种丰富的新鲜食用菌。据北京蓝波绿农公司报道，在他们供货的家乐福、沃尔玛、欧尚、易初莲花、超市发等大型连锁超市，2004 年春节期间鲜食用菌产品销售猛增，销量是平时正常销量的几倍，个别品种甚至达到十几倍、几十倍。超市柜台上常常是食用菌刚刚上满台面，即销售一空，随即又要基地送货，这种现象从年前 3 天开始，一直持续到 7 天长假结束。从腊月二十八至正月初七，10 天内共销售鲜食用菌 9.4 万千克，销售额 89 万元，市场单店销售均在 8 万元以上，是平时销售的 3～4 倍。

在销售中还发现2004 年，高档品种的销售好于一般品种。蓝波绿农公司经营的超市鲜菇类品种多达 20 多个，过去销售是以香菇、平菇、金针菇、双孢菇老四样产品为主，但入冬以来，销售的品种、结构有了显著变化，高档珍稀菇种像杏鲍菇、白灵菇、草菇、蟹味菇等销量显著上升。如北方珍稀品种草菇，平均单店日销量达 100 千克。春节期间仅腊月二十九日一天，家乐福双井店就销售杏鲍菇 500 千克，创造了单店单品种销售过万元的纪录。大年初七、初八、初九，家乐福中关村店大举促销白灵菇，同样创了日销量和销售额两项最高纪录，3 天共销售白灵菇 1 200 千克，平均日销售额 7 000 元。

透过这一市场现象，一方面反映了人民生活水平的快速提高，另一方面也可看出城市居民对食用菌的认知程度的提高，已不再满足于对一般蔬菜的追求，而更加追崇具有美味、营养、保健作用的菇类蔬菜，食用菌鲜品在城市内销的潜力巨大。北京超市主要食用菌的销售价格见表 1。

表 1 大型超市食用菌鲜品的价格 (2005. 12. 3)

食用菌品种	单价(元/千克)	食用菌品种	单价(元/千克)
茶树菇	62	平　菇	7.6
杏鲍菇	20	香　菇	9.6
真姬菇 （蟹味菇）	32	双孢菇	10
鸡腿菇	22.8	金针菇	16
秀珍菇	19.8	什锦菇	15
草　菇	27.4	鲜木耳	8.8
海鲜菇	31.8	白灵菇	38

由表 1 可以看出，今后国内鲜品市场将仍以珍稀食用菌为主，因为珍稀食用菌口感好、价格高，较容易打开国内市场。这里讲的珍稀食用菌主要指茶树菇、姬松茸、白灵菇、杏鲍菇、真姬菇、滑菇、鲍鱼菇、灰树花、姬菇 鸡腿菇等。需要指出的是，在珍稀食用菌生产中要注意发展耐高温的食用菌如姬松茸，春、夏之间出产的鲍鱼菇等，恰好可填补市场的空白。

我国13亿人口，2001年人均蔬菜年消费量达到240千克，而人均食用菌年消费量只有3千克左右，仅为1/80。如果我们在引导消费扩大宣传上多做一些工作，使食用菌人均年消费量增加1倍，中国的食用菌生产就将再掀一个新高潮。如近几年来，工厂化的纯白金针菇产品在我国沿海及发达省、自治区的销售量迅猛发展，几乎完全取代了传统的黄色品种，这就是和众多工厂化企业的积极宣传、大力促销分不开的。

二、外贸出口

我国是世界上食用菌的出口大国，食用菌出口约占亚洲出口总量的80%，占全球贸易量的40%。2004年全国食用菌出口数量为58.13万吨，创汇额9.023亿美元。食用菌产值在种植业中仅次于粮、棉、油、果、菜居第六位。食用菌已成为我国农村经济中最具活力的新兴产业。

有关专家综合市场情况分析，目前我国的常规食用菌已打开国外的市场，名声也较大，出口竞争力较强。常规品种主要是指蘑菇、香菇、金针菇、草菇、平菇五大类。其中，出口的蘑菇大多是高等级菇及小部分的碎片菇，其中碎片菇虽然可以出口但价格较低，蘑菇的出口形式为罐头、清水菇、盐渍菇；出口的香菇大多是高档次的花菇，特别是反季节生产的香菇有较强的竞争力，香菇的出口形式为盐渍菇、干品，但近年肉质厚、耐运输的鲜香菇被美国客商看好；出口的金针菇大多是白色的，以罐头为主;草菇的国外需求和国内相同;出口的平菇大多是灰白色、乳白色的,平菇的出口形式为盐渍菇。目前,我国的食用菌产品已进入北美、欧洲、东南亚地区,小部分香菇销往非洲,所以对常规品种的出口要特别重视。除传统大宗商品香菇、蘑菇的出口外,近年一些特色菇种的外销形势看好,如白灵菇、杏鲍菇等。

药用菇的出口以灵芝、茯苓等为主,其中灵芝以药用和工艺美术品的形式出口,且前景看好。

城郊食用菌在外贸出口上具有信息和地理上的优势,如北京 2003 年出口量 1 550 吨,创汇 226.5 万美元。以北京市通州区食用菌生产为例,主要产品为白灵菇、金针菇、香菇、平菇、鸡腿菇等,年生产总量近 2 000 吨,除供应国内各大宾馆、饭店及超市外,主要出口韩国、日本、新加坡、美国等国家及销往我国的香港、台湾地区,年出口总量达 1 080 吨,占总产量的 50%以上。在通州已经形成了以天吉龙、冠荣、金信、京都菇业为龙头企业的现代化食用菌生产基地。

三、食用菌贮存保鲜和加工

食用菌产品的加工是指对采收后的食用菌子实体等原料加工成保存时间长、运输方便、味道鲜美、有利于食用的各种新产品的过程和方法。食用菌产品的保鲜及加工具有如下重要性:能延长食用菌产品的保存期、能增加食用菌产品的种类、能均衡食用菌的市场供应、能提高栽培食用菌的经济效益、能方便食用菌产品的运输、能浓缩食用菌的有效成分。大力发展食用菌产品的贮藏和加工技术,使人们不仅可以吃到新鲜食用菌,而且可随时吃到由食用菌原料加工成的各种产品。因此,食用菌产品的贮藏和加工技术,被视为改善食物结构,丰富膳食品种,提高经济效益的一项重要工程。

(一)食用菌贮存保鲜

鲜菇因其味道鲜美、脆嫩而为人们所喜爱。有些食用菌,一旦加工,其风味和营养价值会大大降低,例如松口蘑和双孢蘑菇,其干品的色、香、风味和营养价值均不及鲜品。因此,搞好鲜菇的贮藏保鲜对于保证鲜菇的市场供应、经济效益提高都很重要。

和新鲜蔬菜的贮藏一样,食用菌的保藏措施不当,就会败坏变质。食用菌贮存保鲜的方法有冷藏、低温气调贮藏和化学药剂处理等方法。

1. 冷藏保鲜法　食用菌冷藏保鲜适温为0℃～3℃、相对湿度为95％～100％,且要求稳定,不宜多变。食用菌冷藏效果与预冷和进入冷藏的时间早晚有密切关系,一般情况下,如拖延到24小时后冷却,其保鲜期将缩短一半。在贮运过程中,鲜度和品质一旦下降,就不可能再恢复,所以及时预冷至关重要。0℃～8℃是食用菌通常采用的冷藏温度。在不同的情况下也可以用较高的温度,几种鲜菇的适宜贮藏温度和时间见表2。

表 2 几种鲜菇的适宜贮藏温度和时间

菇　种	最适贮存温度时间	相对湿度	温度较高时的贮存时间			
金针菇	0℃ 7～12 天	95%以上	5℃ 3～4 天	10℃ 1～2 天	15℃ 1 天	25℃ 1 天以内
草　菇	13℃～15℃ 2～3 天	95%以上				
木　耳	0℃ 三周	95%以上	5℃ 12～17 天	10℃ 10～14 天	15℃ 4～6 天	25℃ 1 天以内
鲍鱼菇	5℃～7℃ 5～7 天	95%以上	5℃ 7～10 天	10℃ 2～4 天	15℃ 1～2 天	25℃ 1 天以内
香　菇	0℃ 10～14 天	95%以上	5℃ 8～12 天	10℃ 5～7 天	15℃ 1～3 天	25℃ 1 天以内

2. 气调贮藏保鲜法　气调保鲜是把要贮藏的食用菌放入一个混合气体中，其中氧气、二氧化碳及其他气体成分与空气组成比例不同。此法以采用极低氧气或无氧气和增加二氧化碳最有发展前途，且气调时降氧速度越快越好。由于包装材料、袋容量、袋有效表面积等都会影响袋内的气体组成和保鲜效果。大多数资料认为，在生产实践中以含氧气 0%～1%、含二氧化碳 25%比较合适，所用聚乙烯薄膜以厚些为好。

3. 化学贮藏保鲜法　近来人们越来越重视采用化学的方法贮藏食用菌。具体方法：先将采摘的食用菌进行修整，放入 0.1%的焦亚硫酸钠溶液中，还可以用 0.6%氯化钠、4 毫克/千克三十烷醇、20 毫克/千克矮壮素、50 毫克/千克青鲜素、0.01%～0.1%比久(B_9)、50毫克/千克乙烯利或0.05%高锰酸钾溶液等，浸入5～15分钟，捞出沥干表面的水分，分别装入0.03毫米厚的聚乙烯薄膜袋中，扎紧贮藏。

4. 辐射贮藏保鲜法 辐射贮藏保鲜是利用穿透力强的β或γ射线辐射食用菌，以杀死微生物，破坏酶活性，延缓菌体内代谢进程。降低开伞率，从而达到保鲜目的。但总剂量不得超过0.2万戈，否则食用菌变味。具体作法：将成熟而未开伞的子实体采摘后，装入多孔乙烯塑料袋内，通常用β或γ射线进行照射，使用剂量为2～3戈，照射后置于10℃下贮藏保鲜。

(二)食用菌加工

加工后的食用菌产品能较长时间贮藏运输，并能增加产品附加值，是菌业产生利润的重要途径。近几年来，随着人们生活水平的提高和消费观念的更新，人们对食用菌消费也提出了新的要求，营养、新鲜、方便、保健成为新的消费时尚，食用菌加工形式呈现多样化特点。主要有日晒、机械脱水、冷藏保鲜、速冻保鲜、浸渍加工、制罐加工等，随着对灵芝、猴头菇、虫草等药用真菌的药用成分和药理作用研究的不断深入，综合利用各种食用菌开发保健食品、营养食品、辅助性药品、治疗药品等方面也有了较大的发展。

1. 食用菌一般加工 是我国传统的加工方式。有下列加工产品。

(1)干品 目前市场上有各种规格的食用菌干品，常见的有香菇(花菇、厚菇、薄菇)、黑木耳、白木耳、毛木耳、草菇、平菇、竹荪、猴头菇、灵芝等,有不同规格、不同档次的干品。

(2)罐头　主要有双孢蘑菇罐头、香菇罐头、草菇罐头、银耳罐头、猴头菇罐头等纯品种罐头和各种软包装混合食品罐头。

(3)腌制品　主要有双孢蘑菇、香菇、平菇、草菇、滑菇、鲍鱼菇、杏鲍菇等。

传统加工常因加工流程的不当引起含硫量超标等不符合相关标准的现象,应特别注意。要确立科学、正确的加工流程和操作制度,使用精密度好的先进机械设备进行加工。

2. 食用菌深加工　利用分离提取技术,除去食用菌中的糟粕,提取其精华成分而生产成的产品。它使食用菌本身的质地、形态发生了巨大变化,从产品的外表特征反映不出加工前食用菌的特征,它只是浓缩了该食用菌的精华成分。主要有下列各类产品。

(1)食品　蘑菇酱油、香姑松、香菇速溶茶、茯苓糕、金针菇调味粉、平菇速冻饺、平菇软糖、冰花银耳、菇味蜜饯等。

(2)保健品　主要有香菇、银耳、猴头菇、虫草等保健饮料、天神饮料(茶树菇饮料)、猴头蜜、灵芝保健酒、虫草冲剂、茯苓奶茶、速溶灵芝茶等。

(3)药品　主要有灵芝粉、金水宝、宁心宝、百令胶囊(冬虫夏草制剂)、云芝肝泰冲剂、蜜环菌片、猴头菌片、灵芝多糖针剂等。

(4)多糖类　主要有香菇多糖、茯苓多糖、灵芝多糖、冬虫夏草多糖、银耳多糖、猴头多糖、蜜环菌多糖等。

食用菌是一个天然的资源宝库，至今人们对它的认知和开发利用还停留在很浅的层次。在深加工环节可分成三个层次。第一层为次浅度开发，可以成倍地提高产值。主要开发生产各类食用菌的风味食品，如调理菜肴、腌渍酱料、风味罐头、方便食品、休闲小吃等，如美国一家公司将蘑菇的残次品和下脚料(菇根)开发成素肉排、素肉丸，推荐给快餐店替代汉堡包中的牛肉饼，颇受抵制高脂肪、高热量垃圾食品的消费者欢迎。台湾一些公司采用真空低温油炸技术，将香菇、秀珍菇制成别有风味的休闲小食品，很有创意。第二层次为中度加工，可以十数倍地提高产值。主要开发生产功能性的疗效食品，如韩国将灵芝、姬松茸、香菇等混合加工后制成保健茶很有消费市场。第三层次为深度加工，可以数十倍地提高产值。开发生产中成药品，日本常规的10种抗癌药物中有4种是从食用菌中提取的，其中单是灵芝多糖每年的销售额达几百亿日元，一支应用于癌症临床的香菇多糖针剂，价格超过黄金。中国作为食用菌的资源大国，又是最早发现真菌的药用作用的国家，应该在食用菌药用的开发利用上为人类做出更大的贡献。

四、菌糠综合利用

食用菌厂每天有大量的菌糠废料需要处理，仍然可以变废为宝，综合利用，它是食用菌产业链中产生经济效益的重要环节。

如韩国的一家公司利用菌糠进行发酵处理使其变成牛的饲料，喂养的牛瘦肉率和出奶率都有很大的提高。上海浦东孙桥现代农业开发区将工厂每天输出的菌糠开发成复合有机肥料，用来种植无公害蔬菜，取得了良好的经济效益和环保效益，实现了资源再生和循环利用。北京房山区、朝阳区、昌平区都建立了食用菌废料综合加工厂，进行有机肥生产和城市绿化用佛甲草基质模块生产，既解决了食用菌废料污染问题，又实现了农业废弃物的再利用，促进了食用菌产业的可持续发展。

五、观光、休闲与餐饮

在发达国家，都市农业不仅是城市食物安全和生态环境的重要保障，也是市民亲近自然和休闲娱乐的重要载体。在我国随着城镇居民生活水平的提高，假日休闲已经成为时尚。目前全国各主要城市都瞄准了这个商机，充分发挥中心城区的优势，提出了利用城郊荒山、荒滩、荒水等“三荒”发展旅游休闲农业的新思路，把近郊一些基础条件较好的“三荒”进行规划包装，制定政策，大力招商引资，掀起开发旅游资源的热潮。在北京、上海等地初步形成了以观赏生态农业开发基地为主的生态旅游、以体验乡村生活情趣为主的“农家乐”游、以展示现代农业技术为主的科普游、以农业综合立体开发为特点的娱乐度假游、以采摘为主的果园风景游等五大类生态观光农业旅游产业。

据北京市农委宣布，2004 年北京市郊区观光农业收入超过 30 亿元。有关人士指出，在北京，观光农业已经成为市民休闲、农民增收的重要手段。市场调查显示，95%的北京市民希望到郊区旅游、观光和度假，近 1/3 的市民愿意将双休日用于郊区旅游。巨大的市场需求为发展民俗旅游和农业观光创造了发展空间。据了解，北京市有关部门先后制定了民俗旅游村(户)和观光农业示范园区标准，评出 30 个市级观光农业示范园、70 个市级民俗旅游村和 5 100 多个市级民俗旅游接待户。

2005 年北京市政府发布“富民养山工程加快山区发展”文件，提出从 2005～2010 年，实施富民养山工程，加快山区特色产业发展，到 2010 年北京市将建设 20 个标准化高效示范园，在山区培育 100 个特色果品专业村，1 000 个高效示范户，有机果品栽培面积达 0.67 万公顷。山区养殖业规模化经营比例达到 80%以上，规划建设 30 条山区休闲旅游观光线，沿旅游观光线建设 100 个农业观光采摘园，培育 100 个市级民俗旅游村。

在上述农业生态观光热的浪潮中，食用菌这个很小的但又是非常朝阳、健康的食品，应如何进入观光旅游者的视线，成为游客喜爱的采摘对象和品尝美味，从而产生较大的利润，是广大菇农、企业家和科技工作者应该共同考虑的问题。

(一)食用菌观光采摘与餐饮应具备的条件

在农业生态观光区，只要有温室、大棚等出菇场所，就可以种植食用菌，在一些个体农户的菜园和民俗旅游村，只要具有较好的栽培技术水平，都可以结合旅游进行食用菌的采摘活动，而餐饮业可以结合观光旅游时的进餐，开设品种多样的蘑菇宴、蘑菇汤、山珍野蘑等菜肴。

目前可以充分利用各大、中城市郊区现有的蔬菜大棚，发展适销菇菌，做到鲜菇应市近郊化，迎合时尚消费，发展新特的“珍菇园区”，既可作为市郊生态旅游观光点，又能使人们能品尝现采、现煮，看得见、吃得鲜。

(二)观光采摘食用菌的生产技术问题

1. 品种　采摘的鲜菇应该有较长的采收期，以便适应连续不断来采摘的游客。选择平菇类、香菇类的菇种比较合适。

2. 栽培方式　袋栽、地栽。袋栽的出菇袋可以放置于果园树下、蔬菜瓜类地畦面上，在遮荫、潮湿处均可。地栽的可以把出菇场地设计在花坛下、果园中。

3. 菌袋培养　按照自然季节和观光季节以及食用菌所需的发菌时间，合理安排菌袋的制作时间。使出菇期正好处于旅游旺季。

4. 出菇场所环境的美化　这是观光采摘食用菌的重要环节，因为食用菌的生产通常都在阴暗潮湿、盖着草帘外观不太美观的大棚和温室内，要让食用菌在漂亮美观的菇房内良好的生长，让人们看到它们时所处的环境优雅又有情趣，要设计这样一个两全其美的意境，的确不是一件容易的事。这里提供一些思路仅供企业家和有兴趣的农户参考。

第一，可以在大棚温室的外面种植一些爬蔓的蔬菜，如能开鲜艳黄花的丝瓜，开金黄色花的爬蔓南瓜，还有能爬蔓的花卉，这些植物不仅能在炎热的夏季降低温室大棚的温度，还可以点缀遮盖不太好看的草帘，到了秋季还可以采收到成熟的瓜菜，真可谓一举三得。

第二，在大型的花坛造型下，地栽培养好的出菇袋，设计并营造幽静、湿润的环境。花坛还可种植一些观赏蔬菜，如乌塌菜、观赏甘蓝等容易栽培的种类。

(三)采摘过程中的消毒和卫生

食用菌生产需要无菌、清洁的环境条件，而采摘多少会给生产带来一定的污染，这些要在一开始就考虑到。除了在食用菌的管理过程中加强病虫害防治以外，在游人进出的所有路口应进行必要的消毒，包括洗手、脚底铺垫石灰、穿着专门的衣服等。

(四)食用菌与果园及示范园区的结合

在目前的生态观光农业旅游热中，较吸引游客的当属果园和现代农业示范园，还有颇具特色的农家游，食用菌喜阴暗潮湿，在果园枝叶长满后，可以生长在树下，只要在水分上加以管理即可，选择合适的菇种在合适的季节发菌出菇是今后值得探讨的课题。

在示范园区有良好的种植食用菌的条件，只要在时间、空间、环境等方面协调，食用菌采摘活动是一个不错的旅游项目。而在农家更能自由安排，并给农家带来良好的经济收益。

(五)休闲与餐饮

口感好,营养高的菌类菜正悄然占领着年终商宴、家宴餐桌上的更多“领地”。如在代表京城饮食界“食尚”的簋街,2004 年主推健康的饮食就是绿色食品“野山菌”。近年来,簋街的 70 家餐厅几乎家家都添上了数种菌类菜,且“点击率”呈上升趋势。各餐厅还积极推出新创菌类菜,“花家怡园”酿香菇、锅煲香菇,“铭轩居”的牛肝菌烧排骨、茶树菇鸡柳等,还有的餐厅推出一系列五种“山珍汤”。不少菌类菜是厨师到外地“采风”后进行本地化改进而创制出的。以往人们主要在吃火锅时涮食菌类,现在则是汤、炒、涮齐头并进。

菌类菜在京城餐饮界兴起仅二三年,目前它已成为一个流行素菜品种,在一般中、高档酒楼,以菌类作主菜或配菜的菜品已占据总量 20%的份额。据介绍,目前菌类菜消费呈现“两头俏”趋势,一是黑菌、牛肝菌、松茸等每 500 克售价上千元的昂贵野生菌类进入宴席菜品行列,白灵菇、杏鲍菇等高档菌类入菜更为频繁;二是花菇、草菇、香菇、平菇等中、低档食用菌的用量明显加大。

由此看出在回归自然、健康饮食的社会风尚中,更多的人们喜爱吃蘑菇了,更何况食用菌的医药用价值越来越被人们认识和推崇。在都市喧闹和紧张的生活之后,到郊区旅游的人们自然喜爱各种食用菌类。在休闲、旅游、度假与食用菌结合方面做得出色的可以说是北京的京都菇业。目前京都菇业在食药两用菌类的科研教学、栽培生产、深加工为主体的基础上,已经转为多业并举的苗木花卉、餐饮住宿、旅游度假、房地产开发、文化艺术交流、国际企业策划、行业会展、七十二行手工制作等综合经济领域。

我国是一个蕈菌文化历史悠久的国家，也是一个餐饮文化鼎盛的国家，灵芝茶、猴头菌、小鸡炖蘑菇、蘑菇汤等昔日的宫廷珍品已经摆上寻常百姓的餐桌。随着我国人民生活水平的提高和食用菌产业的发展，蕈菌文化一定会渗透到人们的休闲与生活中。

第三章　城郊食用菌产业的主要类型和模式

一、城郊食用菌产业的主要类型

在我国目前的条件下，按照生产技术体系可以把我国的食用菌产业大致分为4个类型。

(一)个体菇农

个体菇农食用菌生产的特点是分散的传统作坊式生产，规模小而全，技术含量低，自主经营为主，经济效益低下。每个个体菇农都要进行菌种扩大、蒸汽灭菌、菌体培养和出菇管理等一系列工作，这就要求生产者要具有较全面的生产技术和经验，否则，在生产中常会出现这样或那样的问题，甚至失败而造成财力和资源的浪费。

栽培的主要形式：一是简易床架栽培。生产品种多为草菇、金针菇、茶树菇、双孢蘑菇；二是荫棚墙式袋栽。以侧耳类、猴头菇、毛木耳为主；三是荫棚畦式袋栽。主要是代料香菇；四是荫棚覆土袋栽。以鸡腿菇、地栽香菇、平菇、球盖伞等为适宜品种。

个体菇农传统的生产方式遍布全国，数量庞大。规模以中小为主，少数日产上百千克鲜菇，绝大多数只有几十千克。其纯收入每年可达到1万～5万元。

目前我国自主种菇、自主销菇、自主经营的个体菇农，占种菇户的50%以上。已经形成的专业合作组织也只限于为种菇户或提供菌种、或提供技术、或提供销售，能在组织规模化生产方面做得比较好的合作组织还不多，个体菇农在相当一段时间内还将延续这种经营方式。但个体菇农因种植规模小，栽培的方式多样，对于市场的变化，转变种植的菇种相对容易一些，只要把设施作些改动即可。在目前国情下容易灵活多变。

广大个体菇农是食用菌产业的主力军。菇农的科技知识、生产技术、管理经验等直接影响到食用菌产品的质量和产量。因此，进一步提高菇农的整体素质，增强菇农的科技意识、质量意识和市场意识，是发展食用菌产业的关键。希望各级政府业务主管部门、电视台、广播电台等能举办不同层次、不同形式的技术骨干培训班、食用菌技术专题讲座并发放各种食用菌科技宣传资料和信息资料，为菇农及时解决生产中的问题。

（二）菇农联合体

属于基本上依靠人工控制的规范化农业技术水平。

由于市场对菌类产品的需求与价格的引力，驱动部分菇农对工厂化产生兴趣，由个体户和大户自建或联合建立食用菌厂，但难以接受大中型公司企业生产水平的投入力度，只能依靠各自现有的机械水平辅助以人工操作，通过一定的规模提高劳动效率。这种生产方式与个体农户小本经营不同，他们能接受先进的生产技术并比较严格地执行，完全按规范操作，加上高度的责任心，也能生产出满足市场要求的优良产品。其最大的优点是投入小，当年可能得到较好的效益。但从长远考虑，这种层次的生产方式的竞争力较小，生产也不够稳定，或者不断发展提高，达到更高的水平，或者被大中型企业兼并或挤垮。可以认为，这是在食用菌产业化生产发展初期的一种过渡方式。

(三)大中型食用菌企业

属于部分控制的标准化农业技术水平 。一部分生产环境可控，另外的环境因素基本上依靠人工调控，根据生产规模，不同部分的关键生产环节采用机械化操作。这是一种中、小型半工厂化或设施加强型的生产模式，这种生产层次的最大优点是 1 次性投入较小，设备投入仅百万元左右，每日电耗不过几十千瓦时，可以达到日产数以吨计的规模，品种无特殊限制，基本可实现周年产菇。资金回收期较短，在劳力比较充足且价格很低的我国是食用菌产业化生产发展的较佳生产方式。也可能是我国产业化食用菌发展中，特别在初始阶段的一种主要生产方式。如果技术规程制定合理，操作人员具有一定的生产经验，特别是具有较强的工作责任心，生产出的产品质量完全可以符合市场的要求，和完全工厂化生产方式比较，可以达到完全相同的质量水平。最大的问题是环境控制不容易达到理想的水平，由于相当一部分的生产环节是依靠人工操作，对操作者的技术素质、责任心等要求较高。尤其在特殊时期如严冬、酷夏时期，如果不采用一定的措施，生产可能受到一些影响。

大中型食用菌企业公司通常在近郊或远郊设有自己

的食用菌生产加工基地，或有稳定的供货基地，与个体菇农、菇农联合体保持着一定的关系。随着企业规模发展在带动农民致富方面发挥着重要作用。

我国现有的食用菌工厂化企业大多规模偏小，无论是市场覆盖率和产品影响力都很低。这与我们是世界上第一食用菌大国的地位是极不相称的。以金针菇栽培为例，日本长野县就拥有一家日产 30 吨，两家日产 20 吨的特大型工厂。韩国大兴菌业公司日产规模达到了 20 吨。而国内厂家的日产规模平均都是 2～3 吨，个别的有 8～10 吨。因此，做大企业规模，发挥产能优势，是几乎所有厂家不约而同的筹划目标。然而我们在期盼自己的世界级企业诞生的同时，应该清醒地看到这种发展可能带来的负面影响：

第一，企业将承受更大的资本集中和资源集中的压力，以及容易带来的管理困难和系统僵化。

第二，社会将面临着大批按传统方式生产的菇农受到竞争挤压而失去生计。解决发展和稳定相互协调的一个很好的办法，就是把扶持龙头企业和吸引农民加入结合起来，用供应链管理的组合方式完成工厂化企业的低成本扩张，和引领农民富裕的产业化带动。具体应从以下几方面做起。

1. 企业加农户的业务外包 企业在保持自己的核心业务的同时，将非核心的业务职能外包给专门的企业或农户，可以以更低的成本获取比自制更高价值的资源。日本的中部培养所就是一个很好的范例。他们采用两头在内，中间在外的形式，将培养好的菌棒发给专业农户出菇。然后回购后统一包装组织销售。这种业务外包形式充分发挥了工厂和农户的各自优势。工厂主要承担前期的制种、发菌以及后期的包装、运输和市场销售，使农民充分规避了自然风险和市场风险。农民则利用其熟练的栽培经验和闲置场地，使工厂节省了至少50%的厂房设施投入，这在寸土寸金的日本国里，节约的成本费用是十分可观的。中部培养所每天的日产量达到了20吨，完全可以说是一个世界级企业，然而它的发展模式更是值得我们仿效的。

国内的工厂化生产企业完全可以借鉴这种方式来实现企业发展和带动农民增收的双重目标。在我国近年也开始这种方式的生产，我们把直接用于出售的，已发好菌的食用菌栽培袋称做“菌包”或菌袋。菌包的出现使得食用菌生产变得更简单、更安全。菇农购买后只要进行出菇管理就可以了，技术单一，易学，深受广大群众欢迎。例如近两年以生产白灵菇著称的北京金信食用菌公司，就开始以优惠的价格卖给周边农户菌袋，按标准化进行生产，产品大部分都达到收购水平，既带动了周边农民致富，又保证了公司的产品来源，达到了双赢目的。

2. 公司加基地的企业扩展　企业可以通过供应链中上下企业之间建立战略合作伙伴关系，以强、强联合的方式，使每个企业都发挥各自的优势，在价值增值链上收到共赢的效果。山东的九发集团采用建立生产基地的方式来进行企业扩展，他们通过统一提供菌种，统一制作培养料，统一传授栽培技术，并以订单农业的方式确定收购保护价和定点收购方式，联合起周边地区十几个县的生产基地，形成了战略伙伴关系，并带动几十万农民的双孢蘑菇生产，不仅使山东地区蘑菇的产量和质量有了很大的提高，而且解决了农民卖菇难的后顾之忧。公司和基地企业共谋发展，共同获益，很好地解决了企业合作和利益分配的关系。九发集团最终发展成为亚洲最大的双孢菇生产企业，它的发展轨迹是值得我们认真总结和发扬的。

3. 公司和农户相互合作 共同发展是我国食用菌标准化、工厂化发展所应该选取的正确方针，一方面要提高企业核心竞争能力，使其在市场开拓、生产组织、标准实施、产量控制、产品收购、价格调节上发挥更加重要的作用，同时通过低成本扩张使企业尽快积蓄形成世界级企业的能量。另一方面要引导农民逐步跻身并尽快适应于现代化的农业生产行列，充分调动广大农民的生产积极性，提高他们的收入水平。

(四)引入外资或合资的食用菌工厂

属于完全控制的精准农业技术水平。除了完全采用机械化(自动化)的方式进行整个食用菌生产工艺流程的技术操作外，整个工厂的环境是完全可控的，也就是说，完全可以按照制定的技术规范要求控制生产环境。日产鲜菇一般在2～5吨，最高可达10余吨，产量、质量非常稳定。近些年来，日本等在我国与台商在大陆建立的食用菌基地以及我国从国外引进的设施、设备而建立的几个大型食用菌厂基本上属于或接近这个水平。

从周年生产优质产品的角度看，这是很理想的生产条件，也确实能产生很好的效益，但需要具有较强大的资金力量，1次性投资大，能耗惊人。资金回收期长，要求完全实行现代企业的管理，而且对管理的要求较高。目前仅金针菇和极个别品种的生产工艺发展成熟。

食用菌工厂化生产的技术定位必须在建场前确定，因为关系到建场规模、投资力度、运转费用、技术力量、生产效益等多个方面。建厂必须建成世界先进水平的，或须引进世界先进水平的设施、设备，这种追求高水平与学习国外经验和利用国外先进技术成果是无可非议的，但必须符合我国的实际情况，花钱买技术是能办到的，但必须要技术真正变为生产力，也就是说必须要创造更高的效益。依我国的国情，完全依靠引进全部设备与技术而不加任何改变是行不通的，因为我国目前的菌类产品价格与国外差距较大，这一点是必须考虑到的。从总的来看，我国食用菌产业化生产技术的定位应立足于在学习国外先进经验与吸取我国传统种植技术的基础上进行改革创新，达到低成本、质量优、效益高的生产目标。

我国内地的食用菌工厂化生产走过了一条曲折的道路。20世纪80年代从美国、意大利等国家先后引进了9条大型的双孢菇工业化生产线，但是由于技术原因、市场原因和管理因素等问题，除了山东九发能够成功运作外，其余都被迫停产放弃，工厂化生产一度处于低潮。然而到了20世纪90年代，随着改革和开放的进一步深入，国内再次掀起了进军食用菌工厂化的投资热。除了台湾一些工厂化生产厂家陆续进入大陆建厂外，国内不少企业如上海市浦东天厨菇业有限公司、丰科生物技术有限公司、北京市天吉龙食用菌公司等，在学习借鉴国外成功经验的基础上，采用引进设备和自创技术相结合，开始了新一轮的艰苦创业，并且先后获得了成功。进入21世纪，我国的工厂化生产技术有了进一步的创新，一些企业研发出了非常适合中国国情的栽培系统，如北京市的金信食用菌公司，利用冷库建立了高近7米的立体栽培架，在完全人工环境控制下周年生产白灵菇，自行设计的培菌室周年生产优质的菌棒。

食用菌产业中的工厂化建设，实质上是以现代工业成果装备农业，以现代科学技术改造农业，以现代管理方式组织农业，以现代市场理念经营农业的过程。推进食用菌工厂化的发展，是我们选择的一个非常有利的突破口，它的实践成功，对于推动我国农业生产方式的转变，对于促进我国农业生产和农村经济结构的调整，对于提高我国农产品在国际市场的竞争力，有着十分深刻的意义。

二、城郊食用菌产业的运行模式

目前食用菌产业发展主要存在两种运行模式：一种是食用菌公司（企业）为主的运行模式，另一种是分散的个体农户种植和经营的运行模式。

食用菌公司的运行模式一般采取“科技＋公司（基地）＋农户”的方式。这种运行模式往往同规模化、机械化、集约化和工厂化紧密联系在一起，容易做到标准化生产，产品能够达到优质、安全和卫生，具有明显的竞争力，这是食用菌产业发展的主导方向。食用菌公司(企业)工厂化生产要求自己搞好生产，搞好经营，创出名优产品，提高产品市场占有率，提高企业的经济效益。因此"科技＋公司＋基地＋农户"的运行模式也是我国未来食用菌产业发展的必然模式。

农民个体的生产经营运行模式也会长期存在，但由于他们经营的规模小，生产条件差，自产自销，自主经营，自由性和随意性大，受资金、技术等方面的限制很难做到标准化生产，产品缺乏竞争力。这种运行模式会随着食用菌产业化的进程而逐渐减少或向第一种模式转化。

第四章　城郊食用菌标准化生产技术

食用菌标准化生产是指从生产环境、原材料和投入品使用、品种应用、栽培工艺、技术环节、产品加工、贮藏运输等各方面进行标准化管理，从而使产品达到优质安全的标准。其中，菌种的规范化和栽培技术的规范化是标准化生产的重要组成部分。在菌种标准化方面，一方面要选育优良、高产、抗性强、市场前景好的优良品种；另一方面要按照菌种的质量技术标准严格制作，以确保菌种质量。在栽培技术标准化方面，要通过改善培养室和出菇房的场地及设施条件、选择适宜的季节栽培、提高栽培技术水平、完善菇房管理措施、严格控制农药和化肥的使用、运用推荐的无公害农药品种防治病虫害、杜绝或减少农药残留等措施，进行标准化、规范化生产，确保食用菌产品优质、安全卫生，达到无公害产品的要求。有的可达到绿色食品或有机食品的要求。标准化具体包括：

第一，食用菌产品生产环境的标准化。要求生产环境清洁、卫生，周围没有有害、有毒物质，没有重金属残留物。

第二，投入品的标准化。农用物资产品符合国家标准，生产用水达到卫生标准水平，拌料用水符合国家饮用水卫生标准 GB 5749 规定；原料购进有记录存档，原材料按国家或行业标准要求检查验收等。

第三，生产过程的标准化。生产技术及产品标准，安全卫生标准。

第四，食用菌产品及其加工品的标准化。加工工艺标准。

第五，食用菌产品及其加工的包装、贮藏、运输、营销的标准化。检验检疫标准、销售标准，废菌棒及时处理加工成有机肥等。

一、食用菌生产场地的选择与建厂

食用菌喜欢腐殖质丰富、阴暗潮湿的环境，这种环境条件也是杂菌滋生场所，选择好食用菌场址是食用菌栽培的重要环节。食用菌场址应选择远离(300 米以外)畜禽饲养场、饲料仓库和加工厂、屠宰场、食品厂、料库、垃圾场、粪场、臭水沟(塘)以及工业废水、废气、粉尘污染场所。切忌在污染源下风口建场。水源水质清净无污染，严禁用污水喷菇、浸洗。栽培、加工设施内外不得存放菇根、死菇、虫口菇、培养基弃料。

食用菌场周边环境的杂物、垃圾、杂草要清除干净、地平整不积水。定期用药剂消毒，经常保持清洁、卫生、美观。

1. 场内设施配置的原则　以上风口位置向下风口方向依次安排菌种选育和菌种生产区、栽培发菌区、出菇区，原料棚(库)、晒场、配料场、消毒灭菌室，下风口安排产品包装间、产品库或冷库、办公接待室、厨房、餐厅宿舍、卫生间等设施。废料场、生活垃圾场应分开设立，菌种区栽培区应与其他设施分离，无关人员不随意出入。

设施简易的菇场、菌种培养室、栽培发菌室和菇房不宜过大，大小以能容纳1～2次灭菌的瓶(袋)或1～2天的栽培袋为好，以利于管理和防病虫(图1)。

2. 车间合理布局的原则 各环节车间面积设计与匹配必须合理。如：日生产量为5000千克的干料，高压灭菌后就需一定面积的冷却室，冷却后就要有相应面积的接种室。接种室的设计就要考虑灭菌设施与方法、面积与空间，它涉及到接种料袋的存放、栽培种的存放、工作台的安置，30名左右操作人员的工作空间，接种后的菌袋存放、运输通道、消防设施与人员疏散安全通道等。

厂址的正确选择、厂区设计的合理化以及车间的合理布局是食用菌产品生产环境标准化的重要保证，食用菌建场是大事，应当广泛征求有关人员和专家意见，应经过综合评价或论证。很多专家通过多年的反复实践已总结并论证了规模化、规范化、工厂集约化栽培食用菌的厂区的设计理念，还有一些生产先例。但在食用菌栽培生产中，无科学道理的，随心所欲的设计施工，想当然则犯大忌，或多或少出现问题，或某车间面积设计不足影响生产，或车间衔接不合理给生产操作带来不便，或易受病虫侵害而不便防治，或施工选材不合乎要求、施工粗制滥造潜藏安全隐患，或废旧菌糠清运困难，影响厂区与周边环境卫生，最终结果是造成不同程度的损失。所以实际建厂时最重要的一点就是决策人能听得进并采纳食用菌专家或技术人员的意见，按科学规律办，这是事业成功的关键。

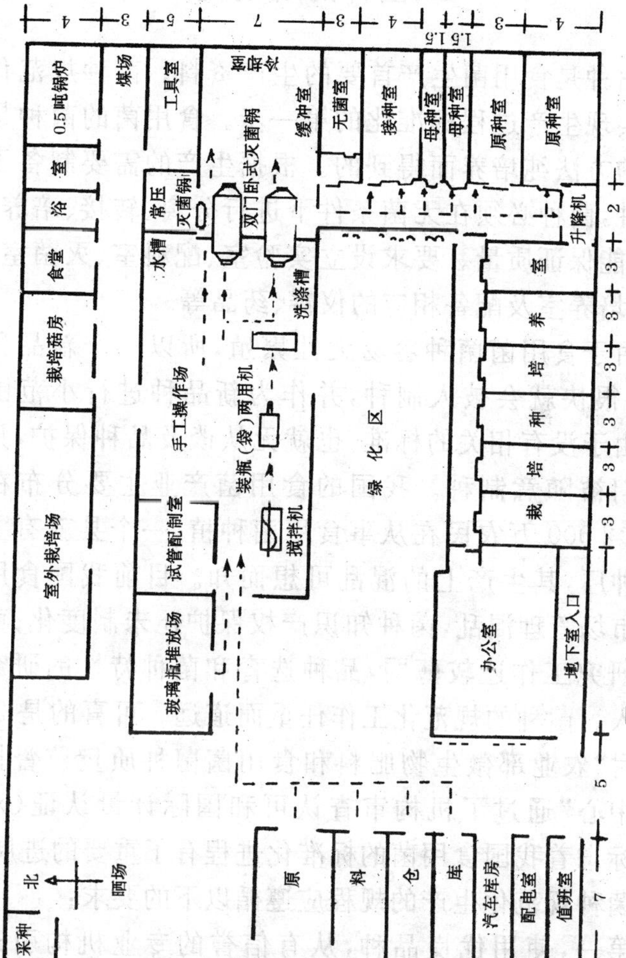

图1 生产场地布局示意图（黄毅）（单位：米）

二、菌种的规范化

菌种是食用菌生产首要的生产资料。菌种规范化生产是实现生产过程标准化的第一步。食用菌的菌种是用人工的方法纯培养而得到的。根据生产的需要制备不同的菌种,菌种必须在无菌条件下进行分离、转接、培养、保藏,才能保证质量。要求设立实验室、配料室、灭菌室、无菌室、培养室及配备相应的仪器、药品等。

由于食用菌菌种容易无性繁殖,所以一个新品种出来后,很快就会被人制种,并作为新品种进行小范围推广。由于没有相关的标准,也就无从谈及品种保护,只有让它们被随意制种。我国的食用菌产业主要分布在农村,有 2 000 万农民在从事食用菌种植,一个县就有上百家制种厂,其生产上的混乱可想而知。目前我国食用菌菌种市场管理混乱,菌种知识产权保护还未制度化;菌种基础研究工作还较薄弱,品种选育和菌种特性的研究还欠深入。菌种的规范化工作任重而道远。可喜的是 2005 年 6 月"农业部微生物肥料和食用菌菌种质量监督检验测试中心"通过了机构审查认可和国际计量认证(双认证),标志着我国食用菌的标准化进程有了重要的进展。

菌种规范化生产的规程应遵循以下的要求:

第一,使用优良品种,从有信誉的专业机构引进菌种,为了确保菌种质量,切勿在菌种场、菇农间引种和交换。

第二,按照食用菌菌种生产的特点规划和设计场房,购置相应设备，提高专业化生产水平。

第三，严格按照菌种生产的工艺技术要求选料、配料、分装、灭菌、冷却、接种、培养和检查。

第四，严格挑选用于扩大的母种和原种，不使用有任何疑点的母种和原种，保证接种物的纯度。

第五，提高菇农技术素质，规范操作，规范生产，生产场地定期清洁、消毒，污染物定期灭菌处理，保持大环境清洁、卫生。

第六，专业菌种场要建立技术管理规章制度，以确保技术的准确到位，保证生产。

二、栽培技术的规范化

在栽培技术标准化方面，要通过改善培养室和出菇房的场地及设施条件、选择适宜的季节栽培、提高栽培技术水平、完善姑房管埋措施、严格控制农药和化肥的使用。

(一)投入品的选择

合理选用食用菌生产原料对安全无公害和高产非常重要。要严格按照 WTO/SPS 植物检疫的新要求，对使用的棉皮、麦秸、玉米芯、豆饼等栽培原料要求无霉变，无农药残留。培养料配制时不得加入任何化肥、农药及生长激素类物质。配料、栽培及管理用水要清洁，无任何污染。覆土材料选用无农药、化肥污染的荒坡地下土，经太阳暴晒后使用。粪草生菌类栽培配方中的畜禽粪要求散养，不含激素、抗生素和化工产品。

以栽培香菇的原材料木屑为例，一定要选用阔叶树种，而且粉碎木片产量高于细木屑。栎木产量高于苹果、桃等果木；苹果、桃等果木产量高于杨树、柳树等树种。

菌种方面选优质高产抗逆性强适应范围广的菌种。注意一定要从正规生产单位或菌种厂引种。

（二）彻底灭菌，严格接种时无菌操作

要严格掌握灭菌温度和时间，以常压灭菌为例：蒸仓温度达到 100℃，维持 12 小时以上，要求中间不断火，如果中途断火，温度下降到 100℃以下，要重新计时。

接种时应严格按照无菌操作进行。接种场所的环境，尽量减少灰尘，地面要用石灰水、高锰酸钾进行地面空间墙壁消毒。菌种表面清洗，先用酒精棉球擦拭，再用经过消毒的利器把接种孔处老化菌种挖掉。接种帐采用气雾消毒盒消毒，接种时尽量要求一气呵成，避免走动，减少内外空气交换。接种人员还应注意个人卫生等。

（三）培养室环境与菌袋培养

培养室是培养菌袋的理想场地，室内的温度必须常年保持在 20℃～25℃。为此要有增加温度的暖气和降温的空调等设备，一些大中型食用菌企业都有专门的培养室。但我国目前存在大量的个体菇农，其生产条件简陋，培养室与出菇房常常是同一场所，或是大棚或是温室，发菌温度或高或低，污染严重，对此必须加以改进。对于中、小型规模的菇农在冬季和夏季可以分别采用下面的

环境调控措施。

北方的冬季，在没有特殊设施的前提下可用一般的日光温室发菌。在提高温度上可采用以下几项措施：

第一，加大放袋的密度。每667平方米棚里可放置3万多个菌袋，在发菌过程中菌袋会自产一些热量。

第二，白天将棚上的草帘掀开，让阳光射入棚内，在每行菌袋上方盖黑色的遮阳网，以防将菌丝晒伤、晒死。

第三，每天下午3时左右，先把棚内的塑料布（预先准备好的，从东到西通长，可以将整个菌袋盖严，一幅不够，就用两幅）将棚内的菌袋垛全部盖严，这是保证冬季正常发菌的关键措施，等于让3万个菌袋包在一个大袋里，每一菌袋发出的热量汇聚于大袋里。据测试，在最冷的12月份至翌年1月份，每天早晨，前期的温度都不低于10℃，而过10天以后，温度又可提升3℃～5℃，也就是从每天下午3时到第二天早上9时长达18个小时时间里，菌丝都可以正常生长，如果没有这层塑料布，早晨温度都会降到0℃以下，很难生长。若遇到极其寒冷的天气，夜间还可以在棚的外面，草帘的上方再加盖一层塑料布，这样又可使棚内温度提高2℃～3℃。这些塑料布在操作时注意保护，今后仍然可以用，它能使菌袋正常发菌，适时出菇，效益是明显的。

第四，当菌丝长到过肩膀2厘米以上时倒垛。此时菌丝生长加快，温度上升很快（呼吸加快了），要特别注意防止烧菌，每天要测温度，测9～10层菌袋内的料温，若温度过高（超过27℃）就要注意晚间棚内的塑料布要留出间隙，不要盖严。

用这种方法，很灵活，可以有效控制冬季发菌温度，可高可低，便于操作。另外，可以不用烧煤，节省成本。白天在棚温升起来后要注意适当通风，菌袋发菌成功后应及时将菌袋分散到各个出菇房进行出菇管理。

北方的夏季，在没有特殊设施的前提下也可用一般的日光温室和塑料大棚发菌。在调节温度上可采用以下几项措施：

第一，大棚和温室盖草帘，大棚两边底部的草帘和温室南边底部的草帘晚上揭起，使夜间较为凉爽的空气进入；早 8 时放下，以防止热空气进入，但在最热时白天底部应注意通风。温室北墙必须有通风口。

第二，温室南边，大棚两边挖 30 厘米×30 厘米防水沟，在防止雨水的同时还可以隔断外界的热能传递。

第三，温室南边，大棚两边在春季可以种上爬蔓的丝瓜、木耳菜、南瓜等蔬菜植物任其爬高，形成枝叶茂密的覆盖层，使棚内温度降低。

第四，棚内菌袋不可以摆放太密，每 667 平方米摆 2 万袋左右。防止温度高出现污染、高温烧菌。发菌环境定期消毒，用高压灯诱杀蚊蝇、菌蚊等。

（四）出菇房环境调节与出菇管理

出菇房是形成子实体的场所，应有合适的光照与温湿度，并有通风口。一间出菇房最好种植一个菇种，或者种植 2～3 个对温光条件要求近似、出菇特点也相似的菇种。

出菇期管理要依据所种植的菇类特点灵活调节。如香菇要处理好出菇与保棒的关系，抓好转色环节，防止烂棒，做好温度、湿度、光照、气体等环境条件的综合调控。在每一潮菇过程中，有催蕾、长菇、采摘、养菌4个阶段。各阶段对环境条件的要求是不同的，管理要求和措施要分别对待。出菇后期，菌棒补水困难，注水和浸水都不易进行，可进行覆土栽培，将大大提高产量。

(五)选择适宜的季节和品种

选择适宜的季节栽培不同菇类，对做到标准化管理非常重要。多数食用菌属低温结实性菌类，所以每年的10月份至翌年5月份是菌类产品供应的高峰期，产品多而价格低，夏季多是淡季，产品少，价位高。

在低温结实性菌类中也有很多耐高温的品种，如平菇、香菇等。在中、高温结实性菌类中也有相对耐低温的品种，如有耐低温的草菇，所以除了充分利用季节性自然温度，合理安排生产外，还可以通过品种的温型差异合理安排生产，使食用菌产品在不同的季节都有上市。生产食用菌时必须充分了解所栽品种的温度类型，根据品种的温度特性确定合适的栽培时期。

1. 低温季节可以生产的菌类　如平菇、香菇、金针菇、双孢蘑菇、秀珍菇、杏鲍菇、白灵菇等。

(1)平菇　平菇是我国品种资源最为丰富的一种，其菌丝体生长温度范围为2℃～33℃，24℃～27℃为适宜温度，依子实体对温度的要求可分为低温、中温和高温3个品系，在温度较低的季节种植中、低温品种。

(2)香菇　香菇属低温、变温结实性菌类，按子实体对温度的要求也可分为低温、中温和高温 3 个品系，我国香菇栽培历史悠久，优良品种很多，适于较低温度的菌种有很多可以选择，如 L135 等。

(3)金针菇　菌丝在 3℃～33℃范围内均可生长，最适温度 23℃，子实体形成所需温度为 5℃～20 ℃，原基形成最适温度为 12℃～15 ℃，子实体发育最适温度为 8℃～12℃，金针菇是典型的低温型菌类。

(4)双孢蘑菇　菌丝在 5℃～33℃范围内均可生长，最适温度为 22℃～25℃，子实体生长温度为 4℃～23℃，最适温度 16 ℃左右，高于 18℃低于 15℃子实体发育都会受到影响，自然条件下播种发菌在 9 月份开始，生产季节在 10～12 月份。12 月份以后气温下降，如果管理得好，仍能出菇。

(5)秀珍菇　秀珍菇虽然与平菇同为侧耳属，自然状态下长相也极为相似，但秀珍菇具有非常好的食用品质，近年很受市场欢迎。秀珍菇菌丝阶段的适宜温度为 25℃，低至 8℃也能缓慢生长，上限最好不要超过 32℃。据此，春、秋季可自然发菌，低温时可堆积发菌，温度正常发菌时 30～40 天，菌丝发到底过 7～10 天可进入出菇管理。自然出菇范围在 15℃～28℃，春、秋季可以自然出菇。

(6)茶树菇　属中温型菌类，菌丝生长最适温度为 20℃～27℃，低于 14℃和高于 33℃时菌丝生长受到影响，子实体生长最适温度为 16℃～24℃，低于 15℃不易出菇，高于28℃子实体菌盖薄而色淡。因此，茶树菇常规栽培在春、秋两个季节。

(7)白阿魏蘑(白灵菇)　白灵菇栽培季节主要应根据出菇的温度要求来确定。白灵菇适宜的出菇温度大体在12℃～15℃。北方温室菇房多数可安排在10月份至翌年3月份这段时间内集中出菇。这样试管母种转接可在5月份，原种制作和培养在6月份，栽培种制作和培养在7月份，出菇用的生产袋制作和培养在8～9月份。各地区可根据当地气候状况，菇房温度变化和栽培规模大小作相应的调整。如安排得当，同一温室菇房可安排种植两潮菇，第一潮安排在11月至翌年1月出菇，第二潮安排在翌年2月至3月出菇。如使用冷库菇房，主要安排在3～10月份。

2. 高温季节可以生产的菌类　在高温季节可以种植风险小的品种有：草菇、灵芝、高温平菇、高温越夏香菇、毛木耳、鸡腿菇、高温双孢蘑菇、姬松茸、鲍鱼菇等品种。

(1)草菇　是各地目前普遍栽培的一个高温品种，也是在食用菌家族里规模栽培要求温度最高、生长周期最短的品种。其菌丝体生长温度范围为15℃～35℃，最适温度为30℃～35℃。子实体生长温度为26℃～34℃，最适温度为28℃～30℃。从堆料到出菇结束约1个多月，北方在6月初至9月初均可栽培，100千克草料出菇30千克以上，一般在麦收之后进行生产。栽培原料可用麦秸、稻草、玉米秸、玉米芯、棉籽壳、废棉、花生壳及种过其他食用菌的菌糠料等。

(2)平菇　平菇是各地的主要栽培菌种，品种多、技术水平高，一部分耐高温品种在高温季节，在合适的设施中可以正常出菇，目前推广的高温平菇主要有高温夏王、高平一号、江都71、高温一号、广平等品种，但在生产时应注意防病、防虫。

(3)鸡腿菇　是一种中、高温型的品种，管理比较粗放，原料来源广泛。出菇温度为10℃～34℃，有些品种较耐高温，在25℃以上时仍能正常出菇。

(4)大肥菇　又称高温蘑菇，美味蘑菇。与双孢蘑菇相比，抗性强，耐高温。菌丝体在15℃～34℃范围内、子实体在14℃～30℃范围内均能正常生长，栽培原料、工艺与双孢菇相似。生产者可根据当地市场需求和自己的栽培技术水平，选择适合的品种种植，目前常用的品种是新登96。

(5)姬松茸　是一种中、高温型菇类，在山东省聊城一带已成为规模栽培的珍稀菇类。其菌丝体生长的温度范围为13℃～37℃，最适温度为22℃～26℃。子实体生长的温度范围为16℃～30℃，适宜温度为20℃～25℃。栽培原料、工艺与高温双孢菇相似。

(6)香菇　利用耐高温的香菇品种，在冬、春低温季节制好菌棒，这样成功率高，在夏季林间或荫蔽性好的场所（如山洞、大棚）进行出菇。这种方法在北方一些地方被掌握和采用，效益十分可观。生产上应选择菌龄35～45天、菌丝洁白、生长健壮的中温型菌株939、9015及中高温型菌株L26、武香2号等较合适。

(7)灵芝　是一种较耐高温的药用及观赏菌类，其菌丝生长温度为22℃～32℃，子实体生长发育温度为18℃～35℃。有红芝、紫芝、黑芝、白芝等不同的变种。北方省份在4～10月份都能栽培。栽培原料可用玉米芯、棉籽壳、杂木屑等。

(8)毛木耳　菌丝适宜的生长温度为22℃～28℃，子实体生长温度为15℃～32℃。日平均温度15℃～20℃条件下，培育的白背毛木耳质量最好、产量高；低于15℃生长缓慢，10℃以下停止生长。木屑、棉籽壳、麦麸均为栽培原料。

四、病虫害防治

近年来城市郊区食用菌生产发展迅速，使不少农民脱贫致富。但由于食用菌生产在其各个环节极易受多种有害生物侵袭和为害，多种病虫、杂菌、线虫、害螨混合发生，情况复杂。此外，因食用菌生产的特殊性，多数的常规农药不能使用，而且在出菇期间严禁用药，故而生产中防治难度大，致使一些地区发生病虫、杂菌的损失十分严重。据调查，病、虫、杂菌等造成的损失一般为30%～40%，严重时达50%以上甚至绝收。有些村队因为病虫无法有效控制而被迫停产或转产。在众多的食用菌有害生物中菇蚊、菇蝇和线虫是其中为害最为普遍的，产量损失一般可达30%～60%。

食用菌子实体(菇体)没有任何包被物保护而完全裸露着，生长期短(10天左右)，娇嫩，直接供人食用，食用菌病虫害防治不能沿袭粮食和蔬菜作物的农药防治法。近些年,我国食用菌产品在国际市场遇到的“绿色壁垒”,有些就是因为农药残留超标造成的。食用菌的病虫害防治对产品质量影响极大,应当引起高度重视。

(一)科学栽培管理是病虫害防治的关键

在食用菌栽培环境中食用菌、病原微生物、害虫同时存在,都有自己适宜的生活条件。当食用菌菌丝生长变弱时,病原菌就会趁虚而入,当有害虫生长时就会招致病害。例如平菇生料中水分过多或装料过紧,常常导致酸臭气味,这是因为平菇菌丝生长被抑制,细菌大量繁殖造成的。当栽培场地没有防虫网时,蚊虫飞入产卵导致病虫害蔓延等。所以食用菌生产流程中各环节的规范化操作是保证菌丝和子实体健壮生长的关键。

在菌种生产时应严格按照无菌操作规程操作,菌种培养室顶棚、地板和墙壁应光滑洁净,门、窗、通风口安装防虫纱网,室内用多层架摆放菌种瓶。使用前进行熏蒸消毒。

不提倡菇农自己繁殖一级种,建议从有良好信誉的科研院所或大的菌种厂引种后紧接着转二级和三级种。接二级种用的一级种菌龄越小越好,1 个月的较好,2 个月的少用,存放 3 个月的一级种需纯化优选后再用。原种在适温下培养,1 个月左右满瓶,逾期未长好的不做菌种使用。同一批生产的原种污染率 3%以上时需全部作废。长好的原种在阴凉、干燥、通风良好的洁净场所暂存,存放时间不超过 20 天为宜。接栽培种用的二级种要求菌丝洁白(草菇浅黄色)浓密均匀无杂无虫。二级种长满后1周左右为好,半月的较好,20天以上或菌皮多的,不能使用。栽培种在适温下培养1个月左右菌丝长满瓶(袋),超期未长满的不能作菌种。同一批栽培种污染率5%以上时,整批菌种不可做菌种用。长好的栽培种可暂存备用,方法同二级种暂存法。

出菇期要避免不同出菇期的菌袋"数代同室"的现象。应改大菇房为小菇房,方便管理、防病虫交叉感染。由于喷水不当,水滴长时间停留在食用菌子实体表面,加之通风不良,在高温、高湿下往往发生细菌病害,如杏鲍菇、平菇菌盖的褐条病、斑点病、锈斑病等。预防措施是适时适量通风、降温、降湿,保持空气新鲜。

收菇后要及时清理枯菇、残菇、菇根和杂物,保持菇房洁净。如病虫害较多时在清理后立即用安全的对菌丝体、子实体生长无害的药剂喷雾、熏蒸。采完末潮菇后应当进行菇房消毒,再清理打扫菇房。

(二)食用菌生产投入品的质量安全要严格保障

第一,选用无农药残毒的培养基,对经常喷施农药的果树及用甲醛做防腐剂的地板所加工的锯末和农药残留量超标的棉籽皮要禁止使用。

第二,栽培料中重金属(铅、汞、铜、砷、镉、铬等)和某些化合物(氰化物、二氧化硫、杂醇油、黄曲霉素等)的含量,不符合卫生标准的,禁止使用。

第三,所用水质要符合饮用水的卫生标准。

第四,配制培养基时不准添加多菌灵、甲基托布津等农药。接菌室、培养室及土壤消毒也不准使用甲醛等做消毒剂。

第五，盐渍过程中不加防腐剂，包装、贮存、运输必须符合卫生要求。

（三）提倡生物防治，以预防为主

对于病虫害的防治，应以预防为主，发现病虫害要采用生物农药和控制温度、湿度、通风等生态方法进行防治。培养料配制可采用植物抑霉剂和植物农药，如中药材紫苏、禾本科油料植物菜籽饼等，在菌种选育、培养料配比、堆料发酵、接种发菌、出菇管理的各个环节都要严格把关，育壮菌丝体、子实体，增强自身抵抗病害能力。还可以采取与特异性菇类轮作、间作等模式，如竹荪有一股浓香味，蚊虫闻而生畏，采用菇荪轮作有利于防虫。

（四）实行物理灭菌防虫

接种室、发菌室、超净工作台等，采用 30 瓦紫外线灯或电子臭氧发生器进行消毒灭菌。栽培房采用黑光灯或安装粘虫板来诱杀菇蚊、蝇、叶蝉等昆虫。菇房（棚）门窗安装防虫网、纱窗，清除虫源，切断害虫的侵入途径。栽培及加工原料、工具、设施有条件时要选用巴氏法消毒，通蒸汽使温度达 60℃维持 10 小时。

食用菌生产上危害性大、发生较为普遍的莫过于菇蚊、菇蝇。这类害虫 20～30 天完成 1 个生活史周期（1 个世代）。并且子子孙孙连绵不绝，天天有成虫产卵，卵孵幼虫，幼虫化蛹，蛹化成虫，世代重叠，短期内虫量成数十倍增长，加重危害、暴发成灾。因为它们的成虫有趋光习性，常在窗前或灯光下成群飞舞。利用灯光诱杀成虫，叫它产不了卵，打断了生活史中1个环节就不能繁殖后代，自然就会消除危害。但必须坚持天天诱杀直到末潮菇采完。

灯光诱杀时菇房的门、窗、通风口安装防虫纱网，在菇房适当部位1.5米高处安黑光灯(2瓦或3瓦)，用盛水的盆放灯下，水中滴几滴敌敌畏或煤油，每天傍晚天黑时开灯3小时左右，次日晨把虫捞出。未安防虫纱网的菇房，宜在菇房外周装灯诱杀，必要时菇房内外同时用灯光诱杀。利用灯光诱虫还可预测害虫发生发展情况，指导生产。实际中黑光灯管价格较贵，不易购买，规模较小的菇场或个体种菇选用5瓦节能灯或15瓦白炽灯或20瓦日光灯较经济有效。在诱灯玻璃表面罩透明塑料膜，再涂抹机油并定期更换塑料膜，防效更佳。

目前市场上已经有针对菇蝇、菇蚊的专用诱杀灯，该灯外围为较密的电网，可将诱集的成虫电击致死，使用方便。有条件的菇场可选用这种专用灯，效果最佳。

另外，利用电子灭蚊器、高压静电灭虫灯诱杀双翅目害虫，用铁丝钩捕杀段木中的天牛等鞘翅目的害虫；用银灰色涂胶的板诱杀蓟马；用黑光薄膜诱杀害螨以及结合前潮采收后补充水分进行菌袋(块)浸水窒息消灭幼虫和蛹，都是经济、安全、有效的。

(五)无公害、绿色外贸产品的用药原则

农药作为菇场内外环境的杀菌剂、杀虫剂，是一项很

重要的预防食用菌病虫灾害的有效措施。但必须严格科学用药，原则如下。

第一，在必须使用化学农药时，选用的农药对病原菌、害虫要击倒力强，残效期短，对人、畜、菇房安全无毒。如敌百虫、辛硫磷、克螨特、锐劲特、22％菇虫净乳油、磷化铝、除虫菊酯、鱼藤精等杀虫剂，甲基托布津、甲霜灵、45％扑霉灵乳油、克霉灵、烟雾消毒剂（盒）等杀菌剂。

第二，在没出菇或每潮菇采收后用药，并注意少量、局部使用，防止扩大污染。严禁在出菇期喷洒农药。

第三，禁止在菇类生产过程中使用甲胺磷、甲基1605、久效磷、水胺硫磷、杀虫脒、氧化乐果、汞制剂、砷制剂等高毒、高残留农药。不得使用甲醛、来苏儿、硫黄等化学药物进行消毒。

第四，把好产品加工关。食用菌产品常因加工引起含硫量超标，为此，必须全面推广精密度高的机械进行脱水烘干。如银耳要采用白色菌株，运用新科技改变银耳熏硫加工环节，优化产品质量。菇品包装必须符合国家卫生标准，即符合 GB 7096—86 干食用菌卫生标准、GB 7097—86 鲜食用菌卫生标准和 GB 9691—88 包装卫生标准。

五、采收、包装、贮运

食用菌鲜品销售时必须适时采收、规范包装和贮藏保鲜，尽快运往市场。

（一）采　收

1. 掌握最佳采收期　在七八成熟时采收，其外观优美，口感好，产量也高。以香菇为例：七八成熟的标志是菌膜已破，菌盖尚未完全开展，尚有少许内卷，形成“铜锣边”，菌褶已全部伸长并由白色转为黄褐色，为最佳采收期。适时采收的香菇，色泽鲜艳，香味浓，菌盖厚，肉质软韧；过期采收，菌伞充分开展，肉薄、脚长、菌褶变色，重量减轻，商品价值低。

2. 注重采摘技术　凡是带柄菇类，如香菇、双孢菇、姬松茸、竹荪等采收时，须按采大留小的原则采收。采菇时大拇指和食指捏紧菇柄基部，先左右旋转，再轻轻向上拔起。注意不要碰伤小菇蕾；对胶质体的菌类如银耳、黑木耳、毛木耳以及丛生状平菇、凤尾菇、金针菇等，采收时用利刀从基部整朵割下，注意保持朵形完整。

3. 选择适宜天气　晴天采收有利于加工；阴雨天空气湿度大，难以干燥，影响品质。但若菇耳已成熟，雨天也要适时采收，抓紧出售或加工。黑木耳、银耳之类，可停水、通风等天晴时再采。

4. 配用合适盛器　采下的鲜菇，宜用小箩筐或小篮子等能透气的工具装盛，并要轻取轻放，保持子实体完整，防止互相挤压损坏，影响外观与品质；不宜采用麻袋、木桶、木箱等盛器，否则会加快后熟，缩短货架期，甚至造成霉烂。采下的鲜菇要按菇体大小、朵形好坏进行分类，盛放，以便于分等级出售与加工。

5. 采前停水控湿　作为保鲜出口或脱水干燥的产

品，必须经排湿或脱水。如果采前喷水，菇体含水量过高，增加加工难度，影响加工品的外观与质量，且易造成霉烂。故采收前1天要停止喷水，让菇体保持正常水分。

(二)包　装

鲜菇一经采收，就应轻放在合适的容器内，并尽快送往1℃～3℃的低温车间进行整理。随即将干净的鲜菇进行分级后，排放于铺有泡沫软衬的容器内，待菇体内部降温至3℃以下时，即可分装。根据鲜菇品种确定包装盒的规格，如鸡腿菇一般适宜16厘米×10厘米×4厘米规格的包装；姬松茸则适宜15厘米×10厘米×6厘米规格；真姬菇、杨树菇等则适宜16厘米×8厘米×4厘米规格。将小包装盒再装入泡沫保鲜箱内装箱运输。一般在5小时内不会出现质量问题。目前市场上有专供出口和超市零售的各种保鲜小包装(100～500克)，就是按照上述方法，大多采用冷藏的方法保鲜的。主要品种有双孢蘑菇、香菇、金针菇、平菇、凤尾菇、杏鲍菇、白灵菇等产品。

上述的菇品包装必须符合国家卫生标准、鲜食用菌卫生标准及食品包装标准。包装上要清楚标明生产日期、菇类名称品牌、条码等。无商标和条码，在流通中首先遇到的是消费者的不信任问题。菇品包装在食用菌产业化生产中具有重要的意义。

1. 产品包装是促进产业化的基本手段　产品包装是产品高档化、质量标准化、生产批量化、卫生商检化、包装精良化、产品名牌化的重要标志。如果生产的产品销不出去，在市场上缺乏竞争力，就会给生产者造成严重损失。包装是商品的外衣，食用菌的加工包装工作是市场经济的需要，是促进产业化发展的得力措施和基本手段。目前鲜菇包装已出现托盘包装、软包装、真空包装，以此提高商品外观的档次，吸引消费者购买欲望。食用菌的加工包装已经向多规格、高层次、求精美的方向发展。

2. 产品包装的综合价值　人们在追求物质需要的同时，也追求精神需求。包装产品是一种艺术。好的包装使消费者产生视觉冲击效果，引起注意，发生兴趣，进而采取购买行动。包装不善，好货卖不上好价，“一等产品，二等包装，三等价格”会给企业造成经济损失。一件好的包装产品，在它满足包装保护的条件后，如果符合消费者的审美意识，其主观嗜好者愿意出比制造成本高几倍甚至几十倍的价格来购买。这种价值的增值，就是实用价值乘以精神价值的积，其包装功能层次艺术越高，配装优质产品的增值也就越大。就蕴涵来说，视觉形式与内容的完美结合，产品与包装的有机完整，不仅体现了时代精神与现代意识，而且是追求各自相互之间的表里谐合与有机统一，是内质与外观语言的融合浑成，它是本体暗示的严格质量控制。

食用菌的加工包装要根据这些消费规律和意识，从实用价值、精神价值和综合价值考虑，按照低档、中档、高档 3 种层次消费者的需求，对产品包装，并负载传递商品信息，这对吸引大量的回头营销对象，对整个产业开发具有很大的推动力。

3. 建立规模化产品加工包装基地　产品包装有它固

有的特点，就是产品要相对的集中，加工时要有一定的数量，加工厂要有一定的规模。

有了产品包装，并不是完全的尽善尽美。要使产品包装不断改进，就需要在产品包装上给予投资，需要各部门互相配合。随着我国食用菌出口贸易的增加，对产品的包装提出了更高的要求。许多国内、外客商购买商品时除了内质外，还要选择包装，注意商标、商检。而且在确定合同前，都要提出到加工产品的分级包装车间去参观。因而建立达标的加工厂，改进加工环境，提高卫生指标，是确保产品质量，争取外商订单，增加客户数量，扩大销售范围的根本保证，为搞好产业化中的产品包装，应做好以下工作。

第一，把产品包装作为食用菌产业化建设中学科体系的一个组成部分来对待。产品的加工包装，是贮运销售的关键环节，产品的深加工、包装工艺等方面的研究，是参与市场竞争的一项重要课题。

第二，要在市场竞争中取胜，就得在产品加工销售包装上花气力，花本钱，给产品穿上好的外衣，即可提高商品身价，为食用菌发展创造条件。食用菌生产发展了，对包装制品有了新的需求，相附相依，货畅其流，将会大大地加速市场商品经济的“思迁”。

第三，产品包装加工属于龙头企业的配套专业体系，是产业化中必需完善的一个生产环节，产品通过加工包装才能进入物流行列，带动产业发展，推进产业进步。因此，要呼吁有关部门对食用菌的产品加工包装厂给予列项投资，以提高食用菌产业开发的水平。

（三）贮　运

食用菌鲜品销售在适时采收、包装后，都要及时运到市场。短期贮存和运输可采用冰块或冷藏车降温保鲜，温度控制在1℃～3℃即可。大、中型企业都应有冷藏配送车。

菌种和栽培技术是关系到食用菌耐贮性的内在因素，选择耐贮的优良品种，采用先进的栽培技术，才能充分利用食用菌固有特性，对采后的保鲜、包装、贮运有重要的意义。

第五章　城郊食用菌产业的经营管理

一、食用菌产业用地和林地

食用菌产业的生产用地灵活多样，可以是日光温室、塑料大棚，也可以是废弃的民房、山洞，还可是现代化的冷库、车间。食用菌产业不牵涉到占用大面积的农业用地。

随着农村城市化进程的加快和城市功能定位的要求，在一些大型城市城郊近几年加大了退耕还林力度，如北京朝阳区 2002 年人工造林面积 1 088.21 公顷，2003 年人工造林面积达 1 123.98 公顷，这些林地大多由耕地形成的，可耕作产生效益的耕地变成了林地，大批农民失去土地，这无疑给当地农民就业造成极大压力。

食用菌产业是一项使用耕地不多的产业，而且可以生长在林木的树荫下。北京市郊区有大量的林地资源，以耕地形成的林地，土壤条件好，有利于发展食用菌。其次，林木生产的大株行距不仅能为食用菌栽培提供生长空间，林木的树荫又能为食用菌提供阴凉、潮湿、通气的栽培环境。林菌结合，能更有效、更充分地提高光能和土地资源的利用率。第三，林地间作食用菌，可以减少林地杂草及病虫害的发生，而食用菌的栽培废料经处理后可以作为林地肥料，增加肥力，实现生态的良性循环。

由于食用菌生产具有投资少、风险小、周转快的特点。林地间作食用菌，能有效解决林业生产的长期效益和短期效益的矛盾，使闲置劳力容易接受并参与。因此，林地间作食用菌，既有现实的经济利益的要求，又有长远的社会需求，它能美化城市，特别是能促进旅游农业的发展，是实现经济效益、生态效益、社会效益统一的农业产业新模式。

二、资金筹措与效益

(一)资金筹措及投入方向

发展食用菌产业的资金要从各个渠道争取筹措。主要包括四个方面：一要政府财政支持；二要立项争取；三要乡、村农民自筹；四要招商引资，吸引外来资金投入。对于政府财政和立项资金，其投入方向应为菌种研发，食用菌深加工，食用菌市场及信息服务体系建设，具有明显带动作用的龙头企业等。投入企业的资金要通过投资入股的方式，进行市场化运作。

农民投入要采取低成本运营，在龙头企业的带动下走低成本扩张之路，充分利用农村闲散厂房、闲散设施稍加改造即可生产食用菌，农民不能贪大求洋、大兴土木把有限的资金用在基本建设上，要充分利用一切可以利用的空间发展食用菌生产。如农村废弃的畜牧养殖场、废旧日光温室等。

(二)投入与效益

食用菌的投入有大有小,具体要依据企业的规模、财力、经营者的水平而定。高投入必然存在高获利,同时也必然存在着高风险。例如,食用菌生产过程中通常使用的搅拌机,每台价格都在 5 000 元左右,如果只是在生产季节使用,一个季节 10 万袋生产能力的企业,每一袋仅搅拌机设备投入就是 0.05 元,如果工厂化企业周年生产能力在 100 万袋以上,那么平均每袋搅拌机设备的投入仅仅只有 0.005 元,投入设备的效益成倍提高,当然周年生产的其他设施投入要更高,但总成本降低了。再有,工厂化生产的金针菇,夏天必须对栽培场所室内进行保温处理,这是工艺要求。但有的栽培者往往为了节省保温设施的投入,仅是简单将旧厂房进行改造,采用聚苯乙烯板张贴在墙上作保温墙。由于使用的过程中吸湿,增加了自重,其保温性能大幅度下降,虽然 1 次性投资较少,但每个月的制冷电费高达数万元,结果 1 年运行下来,电费总支出大得惊人。如果认真对墙体改装,在材料和人工上会多投入些,但保温效果好,节省了制冷电费,年年累计,则大大抵偿了墙体的改装费。

投资如何产生效益与经营有密切的关系。如临沂市沂南县食用菌研究所所长丛洪利,多年来靠食用菌栽培走上了致富路,成为当地出了名的“致富状元”。他总是能通过新技术、新模式的不断革新,来抢占市场的先机。他在原生产规模基础上投资 200 万元建成的 800 平方米反季节白灵菇栽培车间,5 月份投料 8 万多袋(仅用了总面积的一半)，一季就产出商品鲜菇2.5万千克，平均千克价约为30多元。产品多数被北京、上海及广州等地的客商所订。

投资存在着长期投资效益和短期投资效益的辩证关系。食用菌工厂化、标准化栽培是一项高投入，高产出，高效益的新型产业，是一项周密、多学科知识交融的系统工程，在资金筹措时必须对此有充分的认识。目前在农业产业内，没有任何一个项目有像食用菌工厂化栽培这样具有如此大的经济效益。要使食用菌能够周年生产，并上水平，只有走高投入、高产出的道路。获利和风险并存，只有搞好标准化生产，并进行现代企业管理才能规避风险。

三、管理体制

良好的体制是成功的基石。准确定位并建立与之相适应的食用菌产业管理体制，对食用菌产业发展作用巨大。应在不同的层次上采用不同的管理体制。

食用菌产业中的大、中型企业最好是采用股份制，才有生存和发展的可能。食用菌企业首先应对体制形式、产权的归属、技术、资金等制定合理的股份比例，协商一致，使“产权多元化”。并就具体的分工等给予明确，制定切实可行的约束机制，按章办事，容易形成有效的监督机制。所有股东都必须明白：自己不是万能的人，企业的运转和发展，靠资金，搞好基本投资建设靠技术，把握生产技术核心靠认真管理各人的“资源”，出效益靠营销策略、品牌，占领市场较大份额。还要特别指出的是：对于新开办的企业，所有的股东都得对市场变化和竞争激烈程度、效益和风险并存有充分的认识。在此基础上所有的股东，包括技术干部都必须投入相应多少的资金，使大家都有信心。对于高级人才要给予一定的技术股权，必须制定对人才的持续吸引力的“期股”机制。

现代企业的管理是企业正常生产运行的基本保证。由于企业的定位不同，在管理方式方法上也有差异。根据我国食用菌产业化发展的速度及对菌类产品的需求，我国工厂化食用菌生产的潜力很大，不是几个工厂能够解决问题的。为了加快食用菌产业的发展速度，应该是建立起“不同规模，不同体制，不同特色”的食用菌产业体系，大、中、小企业同时发展，以大型为龙头，以中、小型为主；股份、联合、合作、独资等多种体制并用，以联合为基础，以股份制为主；科研、生产结合型，菌类产品综合开发型，多种经营型等不同特色的产业并举，但为了适应市场竞争的需要，提倡科研、生产、开发及人才培养为一体的体制，有利于将产业越做越大，越做越好。依据具体情况准确定位，选准食用菌产业的规模、体制及特色，并以此确定企业的管理模式以及相应的管理方法。

不同规模、不同体制以及生产不同菇类的食用菌厂的管理模式及方法可能不同，但都必须实行现代企业管理，否则，企业缺乏活力，生产不能发展，难以适应市场经济的冲击，最终必定垮台。现代企业管理包含的内容很多，对食用菌产业来说，其中有几个重要问题应引起注意。

第一，建立精干的管理机构与严格的聘任制，任务到岗，责任到人，保证生产计划、技术规程、资金运转到位，不出任何差错与事故。保证按计划合同要求提供合格的食用菌产品。

第二，严格实行生产成本分解制度，将所有的费用分解落实到每个菌棒上、每千克产品上。

第三，按科学标准将产品分级，实行按质定价。

第四，实行产品质量保证制度。为此，必须对产品进行合格性检验，不合格产品不出厂。

第五，订单必须明确交货时间、食用菌种类与品种、菇体质量标准及产品价格，并交付预定金，交货时按订单要求付货，办理验收手续，防止商业纠纷的发生。

企业应先将章程制定完善，根据章程办事，增加透明度。在市场经济条件下，人的责任心和心态不一。大、中型企业一次性投资金额较大，在具体操作过程牵涉到多方面协调的问题，根据各人长处，合理分工，各司其职，既要互相通气，又要相互信任，经营透明度是核心。

四、人员管理

管理者要尽快成为明白人，食用菌企业能否成功，是由市场、资金、技术、管理四大要素所组成的，在很大程度上人员管理是决定性因素。法人代表要努力使自己从外行变成内行，做个“明白人”，才能够有的放矢地进行管理。管理中抓住彻底灭菌和规范化接种，降低污染率是企业的生产核心所在。有的企业将工人计件工资压得很低,迫使操作工追求接种数量,忽视起码的规范化接种,导致成品率下降。所以应将工资分解成计件工资和质量工资两部分,完善奖惩制度。食用菌生产是纯培养,并非像手表组装那样,是无生命东西。手表组装的每一道工序均可进行质量检验,并能及时反馈及时得到纠正。而食用菌生产需要经过数天时间的培养,才能发现问题,但已造成损失。

如何使熟练员工能够安心从事本职工作,也是一门大学问,熟练员工是企业创造财富的源泉,他们在长期工作中积累的经验和熟练程度是企业创造效益的无形资产。对于操作工既要加强管理,也要关心他们的疾苦,充分体现出人性化管理,企业才会出效益。

五、营销管理

在市场经济条件下,食用菌商品的流通体系是我国食用菌产业结构中一个最重要的部分,也是目前最薄弱的一个环节。

营销管理涉及从冷库到销售商,包括食用菌产品的贮存和运输等有关活动。无论是鲜品、干品和罐头,都需要有冷库、仓库或配送中心。食用菌的产品库存一般都设在食用菌生产场地的附近,以保证采后立即进入冷藏和包装。食用菌与蔬菜一样,具有更短的保质期,采收包装后就要立即上市,通常各配送中心都在凌晨将已经加工包装的鲜品送往超市、农贸市场和宾馆酒楼。并与之签订短期或长期的供销合同。运输多采用公路，产品可直接达到顾客手中，运输时间和成本较低。随着食用菌产品品种数越来越多，经销商对交货期的要求越来越高，顾客对产品的要求越来越苛刻，食用菌企业在营销管理方面要注意以下几点。

(一)深入鲜菇市场，取得第一手资料

如果生产规模在日产鲜菇 50～100 吨的企业，首先要对当地及周边城市的总人口数及全市居民年平均可支配收入的水平、饮食习惯、不同消费群体的比例、市场对不同菌类产品的认识程度、节假日和日常市场容量、一般农产品批发和零售价格之间差价、周边从事同类生产菇农户数、超市数量等分别进行调查，并对其全年，乃至今后二三年的走势进行分析。如果能够获得近一二年来上海、北京、广州的各种鲜菇每日市场价格变动情况，画出曲线，这样对投资的决策是有很大帮助的。生产规模越大，生产成本也就越低，市场销售的竞争也越激烈，销售的压力也越大。另外，工厂化栽培的企业要注意季节变化对市场的影响。一旦预测市场价格低于设施栽培的成本价时，就得停产，进行设备维修等。对稀有菌类不能够被一时的高价格所迷惑，因消费者对稀有菌类的认识、接受要有一个过程。当新产品出现时，是以奇特而被动尝新而消费的，这是短暂的，不久就会跌落，随后价格又会回升，逐渐稳定，这时的价格才能够作为测算的价格。茶树菇、竹荪价格从暴利上滑落下来就是典型的例子。

(二)对经销商可信度的考察

食用菌工厂化栽培企业每日鲜菇数量有时是以吨计,销售定位均流向大城市。一般新介入的企业,销售网络尚未建立,只得靠经销商进行批发。选择多家有诚信的经销商是关键。大部分经销商不是买断价格,而是根据市场价格变化,双方在电话中讨论协商,确定。7天一结算,半个月一结算,有时能够结账就不错了。特别要注意的是,无论市场行情怎么跌落,经销商都不会和厂家风雨同舟的,经销商维护的是自己的利润。如果,自己企业鲜菇的质量在整个批发市场质量最好,质量稳定,有自己的注册商标和品牌,那就是卖方市场了,可以根据市场的行情,进行讨价还价,而且是货款到才发货。设施栽培企业对经营方针和具体操作办法要研究。

(三)要充分认识市场的多变性

现在已是信息十分发达的社会,随着大城市间高速公路网络的形成,交通已不是大问题了。产区鲜菇源源不断集中流向大城市的批发市场,再辐射到城市各个角落。从菇棚到老百姓餐桌仅需要十几小时。鲜菇市场竞争日趋激烈。以大型设施生产的企业为例,受自然季节大量栽培菇种的冲击,进入10月份许多企业会停产或生产其他夏天发育的菌类;规模较小的企业,只是减产或不停产。翌年2月份至5月份前后又一个新的销售旺季,但较为短暂,随后价格又跌落。进入8月份后价格逐渐上涨,国庆节前后价格为最好。因此,对于设施栽培的企业,不同季节,要有不同产品以适应市场的变化,不能够“一棵树上吊死”,要根据营销市场的变化,及时调整企业的生产。

六、不同类型食用菌生产的管理特点

(一)木腐型食用菌

包括香菇、木耳、金针菇、侧耳等,这类食用菌在生产过程中要进行菌袋的培养,培养菌丝健壮的菌袋是其成功的基础。下面以香菇为例说明这类菇的生产管理特点。

香菇菌丝生长的温度范围为5 ℃～32 ℃,最适温度为24 ℃～27 ℃。香菇属低温、变温出菇的菌类。5 ℃～24 ℃温差刺激,按子实体分化和发育对温度的不同要求,把香菇品种分为3个品系。即高温品系(15 ℃～25℃):要求温差在3 ℃～5 ℃以上;中温品系(10 ℃～20 ℃):要求温差5 ℃～10 ℃;低温品系(5 ℃～15 ℃):要求温差在5 ℃～10 ℃以上。代料栽培基质含水量以58%～65%为宜,菌丝生长时,掌握好料内的含水量是栽培香菇的关键技术之一。子实体形成时环境湿度的控制至关重要。

香菇为好氧性真菌,菌丝生长喜阴暗环境,强光对菌丝生长有抑制作用,易使菌丝过早成熟,表面产生褐色菌皮,生长缓慢或停止。子实体分化和发育需要一定的光照。完全黑暗环境下不能产生子实体。菌丝喜欢在偏酸性环境中生长,以pH值5～5.5最合适。

目前用塑料袋进行代用料生产香菇,其优点:具有原料来源广泛,生产周期短,方法可靠实用,产品质量好,产量高。从接种到出菇只需3~4个月时间,全部生产周期10~11个月。主要技术环节如下:

品种选择→季节安排→培养料配制→装袋灭菌→打穴播种→培养发菌→开口通风→脱袋排放→菌袋转色→变温催菇→出菇管理→采收

香菇的生产管理有以下要点。

1. 合理安排生产季节 依据气候条件、市场需求、品种产量综合考虑。北方地区秋季栽培多选用中、低温品种。如京香1号、L241-4等。菌种的制作在播种前2~3个月准备。春茬:从头年12月到翌年4月底都可接种。秋潮:在日平均气温25℃以下,9月上旬接种,10月发菌,在晚秋、初冬至翌年春季冷凉季节出菇。

2. 准备原料、场地、生产设备 主料:木屑、棉籽皮,甘蔗渣、玉米芯、豆秆粉等。辅料:麸皮或米糠、石膏或碳酸钙等。生产场地准备拌料场、常压灭菌灶、接种室、培养室、菇场或菇棚。生产设备上要有原料加工设备,拌料装袋设备,灭菌设备,接种设备等。适宜的常用配方有:

配方一:杂木屑79%、麸皮15%、玉米粉3%、石膏1.5%、糖1%、过磷酸钙0.3%、尿素0.2%、pH值5~5.5;

配方二:杂木屑78%、麸皮17.5%、石膏1.7%、糖1%、磷酸二氢钾0.1%、硫酸镁0.1%、pH值5~5.5;拌料终了的培养基含水量为55%~60%。

3. 检验菌种与接种　选择菌丝发透后5～10天的3级种。仔细检查是否有青霉、黄曲霉。菌种在使用前，在0.2%高锰酸钾溶液中浸泡10分钟，进行表面消毒。在接种室（罩）每立方米用气雾消毒盒5克点燃熏蒸2～3小时。

4. 发菌期管理　主要任务：调节发菌温度，合理通风换气，防止杂菌污染。

在菌丝定植期菌袋堆叠方式及层数依室温而定。温度低于23℃时，菌袋成"井"字形堆放每层4袋，堆高8～10层；室温为25℃左右时菌袋成交错"井"字形，每层2袋，堆高4层。堆垛之后，5天内不宜移动菌袋，室温控制在25℃～26℃，每天通风1～2次，每次20分钟，温度超过28℃时，应增加夜间通风。香菇菌丝从定植到长满袋的过程约需50天。黑暗或弱光环境，翻堆3次。接种后60～70天，当菌袋充分发育成熟，即种穴四周出现不规则泡状隆起，并产生褐色色斑时，划破袋壁，取出菌棒，立放在栅状横竹上，与畦面呈60°～80°角，菌棒间隔为3～4厘米。有些菇农在泡状隆起时用齿钉拍打菌棒，促使转色后再脱袋。

5. 转色管理　最适转色温度为19℃～23℃。脱袋5天后待菌棒表面长出一层白色茸毛状菌膜后，应增加掀膜次数，通风降温、降湿，促使茸毛状菌丝倒伏，形成菌膜。倒伏后每天通风2～3次，每次半小时，以增加氧气、光照和干湿度刺激。连续1周即变温出菇。转色后及时加大温差10℃左右，连续3～4天，形成原基。在降温、变温、增湿、通风条件下会不断形成菇蕾。

6. 出菇管理 脱袋后经过15～20天，菌棒完全转色，进入出菇期，出菇期管理的要点是保温、控湿，拉大温差和湿差，注意通风透光。

(二)草腐型食用菌

双孢菇、草菇、鸡腿菇、竹荪，这类食用菌在生产过程中用多立体层架种植，栽培料需要进行一次发酵、二次发酵等。在工厂化双孢菇生产方面，我国先后从意大利、美国等引进蘑菇工厂化生产线大小9条，由于成本太高或管理不当或技术欠缺，大多未能正常运行，目前国内双孢菇现代化生产企业较少，基本上还是小农经济的季节性生产模式。下面以双孢菇和草菇为例说明草腐型食用菌生产管理过程。

1. 双孢菇 双孢菇菌丝生长的温度范围是5℃～33℃。最适温度为22℃～25℃，此时菌丝生长较快、粗壮、浓密、生活力强。高于25℃，菌丝生长纤细无力。蘑菇子实体生育的温度范围为4℃～23℃，最适温度为16℃左右。高于18℃，子实体生长速度快，菇柄细长，肉质疏松，品质低劣，并易开伞；低于15℃，子实体生长速度慢，菇大肥厚，组织致密，单菇较重，但产量较低。蘑菇吸收的水分，主要来自培养料。菌丝生长阶段，培养料的含水量应保持在60％左右，如低于50％，子实体难以形成，高于70％会引起通气不良。环境的空气相对湿度在蘑菇生长过程中起着重要作用。菌丝生长阶段空气相对湿度应保持在70％左右，出菇阶段以85％～90％为宜。蘑菇菌丝体和子实体的呼吸作用要不断吸收氧气，呼出二氧化碳，菇房需要经常通风换气，蘑菇菌丝在 pH 值 5～8 之间都可生长。最适 pH 值为 7，在播种时培养料的 pH 值应在 7.5 左右。蘑菇不需要光线。

双孢蘑菇栽培技术是食用菌生产的典型模式。其工艺过程繁杂，生产规模较大，在世界范围，已经形成了一个较为完整、系统、成熟的专业化生产技术。目前在国内进行层架立体生产，国内生产原料来源广泛，生产周期短，方法可靠实用，产品质量好，产量高。从接种到出菇需 40 天时间，出菇期可维持 3 个多月，全部生产周期为 10～11 个月。

蘑菇的生产工艺流程、生产管理要点下如下。

(1)菇房设置及消毒　双孢蘑生产一般采用立体层架，菇房设置原则：一是注意菇房的空间比，即菇房内空气流通的空间与菇床面积之比，应为 5∶1；二是单间菇房栽培面积 50～200 平方米；三是密闭性好；四是通气性好；五是要安全稳固。

床架消毒：栽培结束后，拆出废料，拆下床架的横档和小竹，浸泡在大水池中 15 天，捞出冲洗晒干，再在石灰水中浸泡 3 天，捞起晒干，床架和墙壁先用清水冲洗，充分通风干燥，再用石灰水冲刷，包括地面，最后再通风干燥。

(2)培养料制备　优质的培养料应具备：一是疏松、富有弹性、保水；二是 pH 值为 7～7.5；三是含有 60%～65%的水分；四是有大量有益微生物，如放线菌、嗜热纤维分解菌等；五是碳氮比(C/N)为17～18∶1；六是无虫害、杂菌。

选择秸秆(一般利用稻草和麦秸，要求新鲜，未淋过雨和未腐烂霉变)、粪肥(一般用牛粪、猪粪、羊粪、鸡鸭粪等，以牛粪和鸡粪为佳)、矿物质(主要用石膏、过磷酸钙、石灰粉和碳酸钙等)，按照合适的比例配制。其培养料配方有：粪草培养料，如猪或牛粪(鸡粪)55%，稻麦草(干)40%，菜籽饼(干)2%～3%，石膏1%，过磷酸钙1%，水60%左右，石膏粉1%；合成培养料，如稻草1000千克，麦秸2000千克，菜籽饼300千克，尿素25千克，过磷酸钙60千克，石灰粉50千克，石膏粉50千克。

(3)培养料发酵　培养双孢菇的培养料必须经过堆制发酵，其作用是通过多种微生物的繁殖活动，改变培养料的理化性状，使之能变成蘑菇生长所需的营养物质。堆制发酵是一个复杂的生物化学过程，是蘑菇栽培的关键技术环节，分室外前发酵和二次发酵。

室外前发酵：高温快速发酵，首先对秸草预湿，粪肥预堆。然后按比例混合建堆、翻堆，使发酵区能均匀地在有氧状态下，得到充分发酵改变堆肥的理化性状。室外前发酵结束时，培养料呈咖啡色，比较柔软，但有较强的拉力、富有弹性、有糖香味、含少量氨臭味、含水量为65%～70%、pH值为7.5～8。

室内后发酵(二次发酵)：把室外前发酵的培养料搬运至室内，通过人工控温和控气，使培养料在特定的环境条件下消毒和发酵，成为更适宜于蘑菇生长的培养基质。

过程包括进料、堆床、加温、调节培养料湿度。

二次发酵后的标准：色泽呈深咖啡色或紫暗褐色，充分柔软且有弹性。手握料时料不粘手，并有较浓的料香味，无氨味，有大量白色放线菌和淡灰色嗜温霉菌，含水量65%左右，pH值7.2～7.5，无害虫、杂菌。

(4)播种前的准备与播种后管理　播种前要检查培养料的温度、氨气和含水量，检查栽培种质量。播种方法主要采用撒播，培养料厚度在18～22厘米。播后要调节控制好菇房的温度、湿度和通风条件。播后20天左右，菌丝长满培养料，应及时进行覆土。

覆土的作用：一是促进子实体的形成；二是提高培养料表层的湿度和改变培养料的氧气和二氧化碳的比例；三是满足蘑菇子实体膨大时对水分的需求；四是支撑逐渐长大的蘑菇子实体。

覆土种类有泥炭(草炭)、混合土、河泥麦糠土、细泥麦糠土、发酵土。我国菇农个体栽培时大多采用发酵土。制作方法是在泥中加入一定量的干牛(猪)粪等其他物质，在一定温度条件下(七、八月份)，通过厌氧发酵，使泥土的物理性状和某些物质含量发生变化，从而使其成为具有良好覆土特性的一种覆土材料。覆土的湿度应保持在20%左右，如低于18%，子实体长得瘦小，影响产量和品质。

(5)出菇管理与采收　覆土1周后，细土间有大量茸毛状菌丝时，加强通风，诱发菌丝扭结，形成原基。当有米粒大小原基出现时，开始喷结菇水，连喷2～3天。3～

4 天后大批黄豆粒大小的子实体形成，要及时喷 1～2 次保菇水。出菇期的水分管理是蘑菇产量高低，质量优劣的关键，必须做到“轻重结合，干湿交替，适时适量”。当菌盖长到 3～4 厘米时，趁菌膜尚未胀破，便及时采收。

2. 草菇 草菇又称苞脚菇、兰花菇，在我国已有 300 余年的栽培历史，在国际市场上享有“中国蘑菇”的声誉，这是食用菌中惟一获此“殊荣”的品种。草菇的典型特点是：

第一，“三快”：发菌快。草菇播种后，在 28℃～32℃ 适温条件下，7 天内即可发满菌，较平菇等品种发菌时间缩短 60%左右，较香菇等品种时间缩短 90%以上；现蕾快。30℃以上温度条件下，播种后第四天即有菇蕾现出，第六至第九天可达到现蕾高潮；生长快。适温条件下的菇蕾，2～3 天即可达到七八成熟，即进入采收高峰。

第二，“三高”：高温特性。现有草菇菌株，如 V35、农科 42 等菌株均适应 28℃～38℃的高温条件，并且 26℃以下基本不现蕾，具有典型的高温菌生产性状；高产特性。随着科学技术的不断进步，作为“南菇北移”代表品种的草菇，其纯麦秸栽培的生物学效率由初期的 8%左右，提高至 30%左右，增产幅度较一般品种高 2～5 倍；高效特性。一般食用菌品种的栽培生产周期为 3～5 个月甚至更长，而草菇由于长速极快的特点，可每月投料一批，最大限度地提高了单位面积的产出效益。

第三，“三低”：投入成本低。现代技术栽培草菇，可以麦秸或废棉为主要原料，直接投入成本很低；单产水平低。与平菇、鸡腿菇等品种相比，草菇单产生物学效率偏低，采用最新栽培技术时，可达30%，仅有平菇、鸡腿菇的1/3左右；鲜贮能力低。草菇鲜品的耐贮能力很低，从适时采收至破苞开伞仅需2～5小时，并且不耐低温贮藏，在4℃～5℃条件下，约6小时后，菇体即开始变软、析水，丧失商品价值。

由于草菇独特的高温特性，在北方不利于长时间、大范围的商品生产，一直没能形成规模化生产。随着农村产业结构调整等因素以及消费者对食用菌认识的提高，一种新的适于北方的周年种植方式获得成功，现将其菇房的建造与栽培技术要点分别介绍如下。

(1)*建造特殊的菇房*　在北方周年生产草菇，要建造具有加温设备的菇房，菇房必须具备能通风、保湿、保温、加温、透光的特性。菇房的结构见图2，图3。

菇房高约4米，长约6米，宽4米。内部宽以放下2个1.2米宽的栽培架为宜，每一个菇房面积约为20平方米。在菇房长度方向的两侧墙边，安装直径约25～30厘米的陶管，陶管一头与进门两侧的火炉相连，另一头通过转弯通向后墙上方的墙外。火炉为65厘米见方，由砖砌成，内部可以放入30块左右的蜂窝煤，炉口在墙外，有利于添加煤块和清理炉渣，不会给菇房造成污染。菇房的前后墙上设高低两层窗口，使菇房上下通风。窗口用塑料膜和窗架做成，大小为40厘米×60厘米，菇房的顶部由塑料膜、10厘米厚聚苯板和房顶构成，有利于保温保湿。菇房内设由竹木做成的4层栽培架。菇房外铺水泥

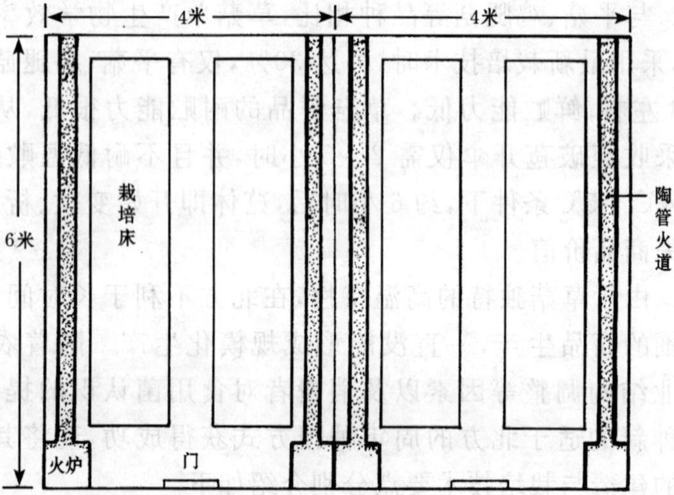

图 2　北方草菇周年生产菇房平面图

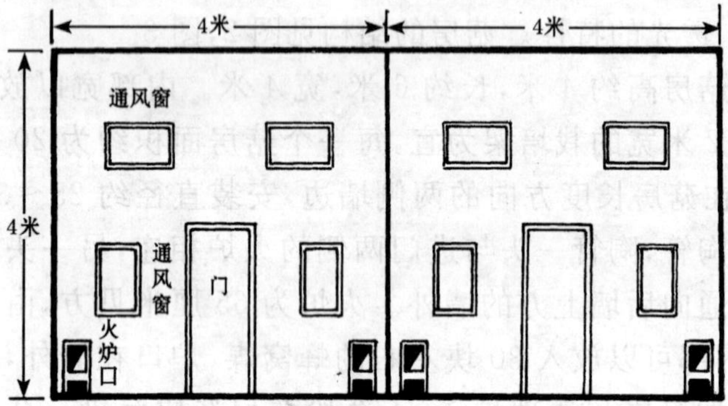

图 3　北方草菇周年生产房正面图

地面，用作拌料的场所，距菇房门约 5 米处设排水沟，以排除拌料时渗出的多余水和清理菇房时的冲刷水。菇房建造时可以是十几间相邻并排，便于循环的播种和采收。

(2)栽培技术要点

①温度调控　这种菇房在夏季可以利用自然的温度,通过合理的通风进行草菇的正常生产。在冬、春及秋季则通过加温来调节温度。春、秋季节仅通过两个火炉以及延长的陶管即可使温度达到30℃以上。通常每个火炉内放置36块蜂窝煤,可以保持24小时的高温,煤块放入后,炉口要用稀泥封死。冬季时需要在走道处加放油桶做的火炉。

②培养料调水与建堆发酵　废棉450千克、麸皮30千克、石灰20千克。做一个1.8米×0.5米的木框,在水泥地面上放置木框,随后在木框中铺1层废棉,厚10～15厘米,撒1薄层石灰粉,洒水压踏使废棉吸足水分,然后撒1层麸皮,再铺1层废棉,撒1薄层石灰粉,再洒水压踏让第二层废棉吸足水分,再撒1层麸皮。如此一层一层地压踏到满框时,把木框向上提,再继续加料压踏,直到堆高1米左右。发酵3天。翻堆后再发酵2天就可进料铺料。

③播种与出菇管理　在春、秋和夏季,始终把温度保持在30℃左右。并保持良好的通风。将培养料放在栽培层架上,铺15厘米左右厚,播种后第七天即可开始出菇,第十一天开始采收,约15～16天采收结束,20天为1个周期,每1个周期采菇500千克左右。采后清除栽培料,冲刷竹架和地面,进入下1个周期。夏季种草菇时菇蝇较多,可在播后4天时揭开盖膜,喷洒低毒高效的有机磷农药。

④冬季种草菇需要加强室温的管理　在播种前，将拌匀后的栽培料放在层架上，每间菇房在走道处加放3～4个大油桶做的火炉，内加蜂窝煤烧2～3天，使内部的温度达到70℃～80℃，然后降温至30℃，开始播种，播后盖厚的塑料薄膜保湿，以后通过两个火炉加温保持温度在28℃～30℃，20天左右为1个生产周期。

草菇周年栽培，一次性投入较高，栽培成本也较高，但生产周期短，产品可以连续上市，价格高，经济效益还是很可观的。

(三)珍稀食用菌

杏鲍菇、白灵菇、蟹味菇、茶树菇、秀珍菇、大球盖菇、姬松茸等是近年才开始兴起的栽培的珍稀食用菌类。杏鲍菇、白灵菇、蟹味菇等都适合袋栽，大球盖菇、姬松茸比较适合层栽。这些珍稀菇种，在品种上还较单一，要掌握好栽培季节。下面以茶树菇为例说明珍稀菇类的栽培要点。

1. 茶树菇栽培概况　茶树菇属中温型菌类，菌丝生长最适温度20℃～27℃，低于14℃时菌丝生长缓慢，生产时间延长，高于33℃时菌丝生长受到严重抑制，易老化变黄。子实体生长最适温度为16℃～24℃，低于15℃不易出菇，高于28℃子实体菌盖薄而色淡，超过30℃时，子实体难以发生。因此，茶树菇常规栽培在春、秋两个季节。实际生产上当季栽培当季却出不完菇。例如，秋季菇后期气温低，不易出菇，而菌筒尚有较多营养，通常做法是进行越冬处置，待来年春季气温回升时再出菇。春季菇后期气温高，也需进行越夏处置，到秋季气温适宜时再出菇。这样，经越夏、越冬处置，菌袋营养损耗大，水分散失多，又浪费栽培设施。所以，栽培茶树菇应尽量使其子实体在最适宜生长的春、秋两季出菇结束，产生最大经济效益。而要使茶树菇在春、秋两季有较长的出菇期，须进行茶树菇反季节人工栽培，使其安全过冬和越夏，待春、秋季节来临时即可进行出菇管理，这样连续出菇期达4～5个月，基本上可在当季出菇结束。

2. 茶树菇春季出菇生产要点

(1)时间安排　茶树菇要在春季有较长时间的出菇期，冬季就要开始发菌，播种应避开最冷的小寒、大寒节气，长江以南地区，可在12月前后开始栽培，长江以北地区，应提前到11月栽培。防止气候寒冷，菌丝难以萌发。这样经3～4个月的菌丝培养，营养积累丰富，翌年2月下旬即可催蕾出菇，出菇期可延长至7月上旬。

(2)栽培场地及栽培设施　选背风向阳的栽培场所，室内菇房要暖和，保温性能要好。室外栽培，可利用冬暖式塑料大棚作为发菌场所，因温室效应，可使棚内温度比室外温度高5℃～10℃，基本能满足茶树菇菌丝生长的温度要求，但夜晚须加盖草帘，防止热量散失。也可进行人工加温，如在菇房(棚)旁边开设火炕燃烧口，房(棚)内用铁皮制成烟道，通过在火炕口烧火，提高房(棚)内的温度。

(3)栽培料的配制　选棉籽壳为主料，适当添加杂木屑的培养料配方。袋料含水量应控制在60%左右，装袋要紧实。这样在菌丝生长时，可提高袋内温度。

(4)品种选择　冬季发菌，应选耐寒性强、适应性好茶树菇品种，菌丝在略低于适温条件下也能正常生长。

(5)灭菌接种　冬季灭菌，要加强灭菌灶的保温效果，火力要猛，蒸汽要足，而且灭菌时间要比平常延长2～3小时，才能达到彻底灭菌的效果。灭菌后，待料袋温度冷却至28℃～30℃时，抢温接种，并将接好种的菌袋密集堆码在一起，覆盖薄膜，门窗密封保温，促菌丝尽快复原萌发。

(6)发菌期管理　①冬季栽培抢温发菌7天左右，菌种块吃料，约15天菌丝封料面。此时应翻堆检查，剔除感染菌袋，完好菌袋重新堆叠，可堆紧、堆高些，并覆盖薄膜，注意定时揭膜通风。②养菌期间，如遇霜冻天气，菇房可结合人工加温促菌丝生长。③当菌丝吃料距袋口2～3厘米时，及时抽掉袋口扎绳(袋口不动)，以增大氧气供给量，加快菌丝生长速度，并可进一步提高堆温；当菌丝长至1/2菌袋时，可适当抖开袋口，进一步加快菌丝新陈代谢。④室外菇棚栽培，要加强保温措施，白天揭去菇棚遮阳物，吸收太阳热能提高棚温，室内菌袋表面要再盖一层不透明的编织袋以防阳光直晒菌丝。晚上则要在棚膜上加盖草帘保温。必要时可在菌堆上加盖1层薄膜，以利于保温，或人工加温提高棚温。只要措施得当，菇棚内温度能长期保持在16℃～20℃。⑤整个发菌期间应注意通风换气，防止二氧化碳积累过多造成菌丝发育不良，但要处理好通风与保温之间的关系。具体操作，可在晴天中午气温最高时通风。气温高时,可增加通风次数,延长通风时间;气温低时,减少通风次数,缩短通风时间。⑥茶树菇冬季栽培,气温低,空气中杂菌少,污染率低,发菌时间长,菌丝生长浓密健壮,营养积累丰富,为出菇打下良好的基础。

(7)**出菇管理** 南方地区自2月下旬起(北方地区从3月中旬起),即可利用早春晴天昼夜温差大的有利条件,刺激茶树菇菇蕾的形成。协调好通风、保温、增湿。春分前后,春暖花开茶树菇子实体大量发生。出菇时间从3月初延续到7月上旬,可出5~6潮菇,基本上可消耗掉菌袋内的营养,达到出完菇的目的。

3. 茶树菇的夏季出菇管理要点 茶树菇的子实体能耐一定的高温,因而也成为补充夏季5~9月菇市淡季的好品种。随着人民生活水平的提高,夏季的蔬菜种类多,价格低廉,但是优质鲜食用菌的销售行情仍然看好,夏季的茶树菇经济效益明显提高,但夏季的气候特点使得其栽培技术与其他季节有所不同。

品种选择喜高温菌株如ACCC50895、ACCC50988等,栽培场所应搭建平顶、遮荫、四周透风并便于通风排湿的荫棚。接种季节以6~9月期间出菇上市为目标,据此以第一潮菇采收日期向前推算50日为接种日,适宜的接种日为4月中旬至6月底。

发菌期注意分散码放,严防因散热不畅导致发菌不良或排湿不畅而污染。料温不可超过30℃,出菇期应充分利用地面温度低的优势,菌袋单层码放。也可在棚内做畦，将菌袋埋入，可降低1℃～2℃。夏季子实体发育快，要格外注意及时采收。此外，还可以因地制宜利用山洞反季节栽培茶树菇等。

(四)药 用 菌

灵芝、茯苓、猪苓是我国传统的著名中药，目前均已人工栽培成功。药用菌多以干品供应市场，在加工方面要多注意。下面以日光温室灵芝栽培为例介绍栽培要点。

1. 灵芝栽培概况 灵芝是一种木腐菌，主要的营养物质是碳水化合物和含氮化合物，同时也需要少量的微量元素；灵芝是中、高温结实性菌类，不同的生长阶段对温度的要求不同，菌丝生长所需的最适温度为20℃～28℃，子实体在25℃～30℃生长发育较好。变温不利于子实体的分化和发育。人工代料塑料袋栽培灵芝，其培养料的适宜水分为60%～70%。菇体的生长要求空气的相对湿度为80%～90%，足够的新鲜空气是保证灵芝正常生长发育的重要条件之一。空气不流通，氧气含量不足时，灵芝的子实体不易分化成菌盖，只长菌柄，并形成多分枝的鹿角芝，子实体畸形。灵芝为喜光性真菌，子实体生长必须要光线，但菌丝体生长阶段不需要光线，灵芝生长的pH值为4.5～5.5。

袋栽灵芝的生产流程是：

配方拌料→装袋消毒灭菌→冷却接种→培养发菌→出菇管理→采收加工

2. 栽培灵芝的原料

(1)木屑　一般除松、杉、樟、苦楝等树种的木屑外，其他树种木屑均可作为灵芝生产的主要原料。

(2)农作物秸秆　农作物秸秆种类很多，来源广泛。棉籽壳、甘蔗渣、玉米芯、高粱秆、豆秆、棉秆、稻草等均可以粉碎作主料配合棉壳、木屑等使用。

(3)辅料　①麦麸。②米糠。③石膏、过磷酸钙等均为弱酸性物质，培养料中含量均在1%～1.5%之间。

不同配方培养料栽培灵芝的生物效率有很大差异，而不同培养料配方间的产品品质差异亦很大，合适的配方主要有以下几种：①杂木屑78%、麦麸20%、石膏1%、过磷酸钙1%。②棉籽壳78%、麦麸20%、石膏1%、过磷酸钙1%。③甘蔗渣70%、米糠(麦麸)28%、石膏1%、过磷酸钙1%。④杂木屑65%、草18%、麦麸15%、石膏1%、过磷酸钙1%等。

3. 季节安排　在自然条件下生产灵芝，必须安排适宜的季节。一般来讲，一年可以生产两季，即5月至7月上旬出灵芝和9月至11月上旬出灵芝。当然，如果气温适宜，比如在大山区较凉爽的遮荫棚埋土栽培，在夏天同样可以出灵芝。

4. 装袋、灭菌和接种

(1)装袋　培养袋多选用对折口径15厘米，长28厘米的聚丙烯塑料袋作容器。装料一般占培养袋的2/3为宜。

(2)灭菌　灭菌采用常规蒸汽常压灭菌，用消毒灶高温消毒，从出蒸汽起计10个小时，能彻底消灭杂菌。取出后放12个小时后充分冷却，把培养袋整齐地放在接种室内的地上。认真鉴别菌种，适宜的菌种是菌丝已长满培养基，培养基表面出现“疙瘩状”突起前的菌种。

(3)接种　接种的方法是把菌棒折好的袋打开，用木锥在培养基中央钻出1个深度为菌棒高度2/3以上的洞，用镊子从菌种袋中取出花生米大小的菌种块，放入洞中并放满(也可把菌种用镊子刮碎，倒进洞中)，再用菌种在培养袋口平铺，把袋口用环盖套好。也可按照其他菇类熟料袋栽的无菌接种方式接种。两端扎口的长袋子则采用接香菇菌棒打孔接种方式进行，一般是并排均匀打4个孔接种。

5. 菌丝培养管理　接种后的栽培袋搬入培养室，室内温度保持在26℃～28℃，空气相对湿度维持在60%～70%，约经1周后，菌丝即可覆盖整个培养基表面并向下蔓延1～2厘米，从而进入生长旺盛期。25～30天以后，菌丝长满栽培袋，仍需10～15天的培养，使菌丝达到生理成熟。生理成熟的标志是培养基表面出现白色或黄色突起的疙瘩块，如室温超过30℃，加上室内通风不良，菌丝会出现徒长现象，甚至窜出两端出菌，从而消耗养分。室内光线过强时，还会使菌膜过厚，影响出菌。

6. 出菌管理　菌丝长满后菌袋埋土，保持棚温22℃～25℃，在温度18℃以下及35℃以上，子实体原基不分化，菌柄原基形成后，在光线充足的一侧出现一个小突起，并向水平扩展，此时要求有较高的空气相对湿度，温度控制在18℃～30℃。当温度超出30℃以上时要注意观察菌盖外白色(生长圈)的色泽变化，若变成灰色，不能恢复生长;温度低于18℃时,要及时采取增温措施。

覆土后应根据土壤含水量和灵芝大小适量喷水。除不长灵芝的季节(冬季)外,其余时间土壤都应保持湿润,灵芝未开片时,喷雾的雾点要非常细小,且喷水量不可过多,每平方米1次喷水不超过0.5升。子实体稍大时,喷水量可逐渐增加。子实体散发孢子时不喷水,以防止菌盖表面孢子的流失。

出灵芝期间,要揭膜通气降低棚内空气中的二氧化碳含量,使其生长良好。通风是保证灵芝菌盖正常开展的关键,变温易产生厚薄不均的分化圈。

7. 采收　灵芝从原基形成到采收共需25天左右时间。子实体成熟的标准是菌盖边缘的色泽和中间的色泽相同。但子实体成熟后还应继续培养7～10天,使子实体更坚厚。采收的方法是:用剪刀齐灵芝柄基部剪下,然后再修整,菌柄保留2厘米长。一批灵芝采收后应将畦面重新整理,适当补撒土粒,使覆土层厚度和开始时相同,以利于下一批灵芝正常生长。

灵芝采后要及时晾干,加工包装。以采集孢子粉为主要目的的要在孢子弹射之前做好采集纸袋。

(五)适合工厂化设施栽培的菌类

工厂化设施栽培可细分为,在适宜生产季节内进行工厂化设施栽培以及利用制冷和加热设施在近似库房内进行周年循环工厂化设施栽培。前者受自然气候所牵制,而后者是全天候生产。国内进行季节性集约化栽培尝试,目前主要集中在双孢蘑菇、金针菇、银耳、滑菇、小平菇等，主要是这些菌类出菇的“同步性”较好，且生产周期相对较短。进行周年企业化栽培，工艺较为成熟的菌类仅有金针菇，其他菌类主要是很难在近似密闭的栽培环境内，做到温度、湿度、通风、光照和菌类发育四大要素之间的协调。不少同行正在进行这方面的努力。近年来白灵菇、杏孢菇的工厂化封闭式栽培已经取得了可喜的进展。

对于菌类的工厂化栽培，不能认为对某一菌类的栽培了解很透彻，就可以照搬另一菌类的规模栽培，这还要有一个再认识的过程。小规模栽培和工厂化设施栽培是两码事。小试再好，在规模栽培过程中还会遇到难以预料的问题。对于工厂化设施栽培特别是周年栽培，不但要掌握栽培工艺，还要了解设备使用的原理、运转过程的操作和维修，能够随时根据天气变化、设施内菇体发育的状况及时对设备进行调整，出现故障能明确判断及临时应急处理(图5)。要在生产实践中不断去发现新问题，及时给予解决。工厂化设施栽培的效益在于管理。下面以金针菇为例介绍工厂化栽培要点。

1. 厂房结构　厂房总面积约需300多平方米，设菌丝培养室2间，每间19.4平方米；搔菌室、催蕾室各1间，每间19.4平方米；抑制室1间，45.4平方米；生育室2间，每间19.4平方米。以上各室处于厂区北面，中间为宽2.7米的通道。厂区南面为堆料场、拌料装瓶作业室、冷却室及接种室。

2. 栽培瓶　通常使用的为容量800毫升、口径70毫米的聚丙烯塑料瓶，瓶盖也用聚丙烯材料制作，能加快菌丝生

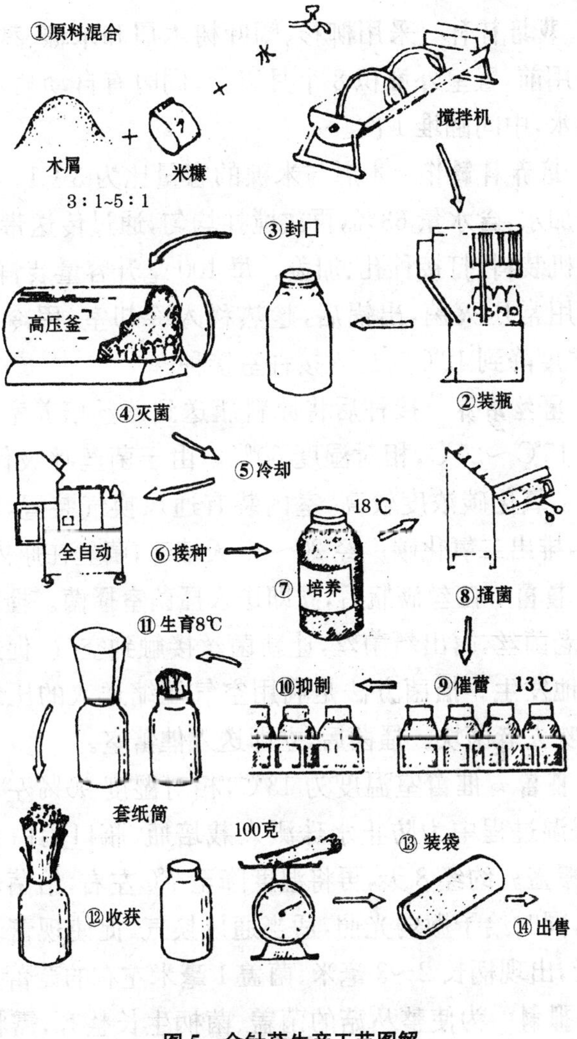

图5　金针菇生产工艺图解

(引自"食用菌周年生产技术")

长，降低污染。

3. 栽培材料 采用柳杉、阔叶树木屑和米糠、麸皮。木屑在使用前，置室外堆积 8 个月以上，同时有自动喷水装置，定时加水，中间翻堆 1 次。

4. 培养料制作 木屑与米糠的容量比为 3∶1。经搅拌混合后加水，含水量 63%，再次搅拌均匀，通过传送带送至自动装瓶机装料、打接种孔、加盖。每 100 毫升容量装料 60 克。装瓶后用常压灭菌，出锅后，趁热移入冷却室，用冷空气冷却，待温度降到 18℃时送入接种室接种。

5. 菌丝培养 接种后将原料瓶送到菌丝培养室。室温控制在 15℃～20℃，相对湿度 60%。由于菌丝呼吸作用，培养室内二氧化碳浓度较高，室内装有通风换气装置，定时启动换气，排出二氧化碳。经 20～25 天培养，菌丝在瓶内长满。

6. 搔菌 菌丝满瓶后，立即送入搔菌室搔菌。搔菌目的是除去老菌丝，露出新菌丝，让新菌丝接触到空气，促进子实体整齐地发生。搔菌方法是利用空气压缩送入的压缩空气快速地吹去老菌块。搔菌后，立即送入催蕾室。

7. 催蕾 催蕾室温度为 13℃，相对湿度 90%左右。在喷水、保湿过程中为防止水珠溅入栽培瓶，瓶口用白色玻璃纤维板覆盖。约经 8 天，再将温度降至 7℃左右，给菌丝以低温刺激，同时给予微弱光照，适当通风换气，促使现蕾。大约经 10 天，出现柄长 2～3 毫米、菌盖 1 毫米左右的菇蕾。

8. 抑制 为使整丛菇的菌盖、菌柄生长整齐，需将已形成子实体(柄长 2～3 毫米，盖直径 1 毫米)的培养瓶移到抑制室，并给予不同风量的通风。抑制过程中，风量的控制很重要，前、后期风量也不一样。为避免风直接吹子实体，使用自走式抑制机。前期风量20厘米/秒，中、后期风量50厘米/秒。抑制时间5～7天。

9. 套筒　当菌柄长度整齐，均匀地伸出瓶口2～3厘米，在瓶颈套上高度为12厘米的纸筒。

10. 生育　套筒后送入生育室，温度控制在6℃～8℃，抑制生育室光照，使子实体在较暗的环境下生长，保持空气相对湿度80%～90%，适量通风。大约经过7天时间，菌柄长度超过纸筒1厘米时，即可采收。为了保证质量，采收前1天必须控制生育室的湿度，由上往下吹干风，使菌盖、菌柄干燥。

11. 采收　从催蕾到采收大约需要30天。采收时，握住瓶口处的菇柄，轻扭采下。每瓶只采1次。

第六章　城郊食用菌产业发展中的政府支持

我国食用菌产量2003年度为1 038万吨，占世界总产量的70%以上，已成为世界食用菌的生产大国，食用菌已成为我国农村经济中一个新兴的重要支柱产业，产值在种植业中仅次于粮、棉、油、果、菜居第六位。随着一些食药两用菌如香菇、木耳、银耳、猴头、灰树花等的营养功能、药理功能和嗜好功能被欧、美地区各国的了解和接受，出口量将大幅增加，创汇的前景更加广阔。另一方面国内市场消费潜力巨大。因此，我国食用菌产业发展过于迅猛，千家万户的传统生产方式制约着食用菌产业的持续发展，食用菌产品的质量不高、竞争力低，产业流通体系很不规范，我国食用菌企业的龙头带动作用还很薄弱，产供销一体化的产业发展格局尚未真正形成。食用菌消费市场开拓力度不够，食用菌科学研究滞后于生产，这些已成为制约我国食用菌产业发展的瓶颈，限制了食用菌产业的进一步发展。食用菌产业发展呼唤着规范化、标准化和产业发展的有序化。在这一转化过程中政府职能起着举足轻重的作用。

一、重视食用菌在城郊农业产业结构中的地位和作用

食用菌产业是一项占用土地资源少，用水量少，利用农业秸秆等废物生产高品质健康食品的产业，而且城市郊区具

有交通便利、信息快捷、科技力量强大、市场潜力大等优势，各级政府，应把发展食用菌产业当作一项提高城郊富民工程来抓，突出食用菌作为农村的一项新兴产业在农村经济中的作用。

二、政府的相关政策给予保障

城郊政府应通过制定政策鼓励发展食用菌产业，制定《食用菌产业发展规划》，对食用菌的生产、运销、加工要加大扶持力度，并给予政策等多方面支持。如土地承包政策、土地流转政策、农业特产税征收政策、国营和民营企业所得税政策、龙头企业用水、电等政策，在科技三项经费和支农资金中，食用菌产业应单独列支，并加大投入量等。

第一，以政府行为加快食用菌行业标准和操作规范的制定，包括生产技术、产品质量和产后包装等，精心打造市场通行证。

第二，加大对食用菌技术服务组织的资金支持，以提高菌种的研发和种植技术的推广力度，为产业发展注入活力。

第三，政府从政策上引导龙头企业、合作组织、科研单位等的交流与合作，实现行业内部优势互补，提高联手闯市场的能力。

第四，对延伸食用菌产业链条重点项目要给予足够支持，打造真正的产业航母。

第五，引进、开发食用菌产品加工、包装技术，全面促进产业升级，要大力引进食用菌生产和加工方面的技术人才，使市、县、乡三级都有专门人员指导食用菌生产，对村级技术人员及食用菌生产大户要重点进行技术培训;加大与科研院所、国内外大型食用菌加工企业的协作和联合,提升食用菌加工水平。

三、政府有关部门应给予保障

企业和广大菇农必须依靠各级政府和政府各部门的支持与配合,做强做大食用菌产业,必须整合各方面力量。食用菌产业牵涉到土地,环保科技,质检等多个部门。整合各部门力量,才能做好产业的大发展。如北京市房山区在食用菌产业化组织设施过程中,组建了由区主要领导任组长的食用菌产业发展领导小组。把区发改委、农委、科委、财政等涉及到的部门联合起来,由区种植中心担任牵头单位。种植中心成立食用菌工作指导站,明确专人负责食用菌产业化的具体实施。由该单位负责食用菌产业的规划,具体任务的分解落实,督促各有关部门和各乡镇实施。以种植中心为依托,组建有各食用菌生产企业、种植大户、市场销售人员参加的房山区食用菌协会,用于协调、管理、服务于房山区的食用菌产业。从而,形成了政府支持的食用菌产业核心。

四、完善市场检测、监测体系建设

在市场经济条件下,食用菌商品的流通体系是我国食用菌产业结构中一个最重要的部分,也是目前最薄弱的一个环节。在产品流通手段与方式上,简单、粗放的推销方式仍然是主体,虽然在包装与分级上有了很大改进,但参与市场的竞争力还是很弱。食用菌流通体系很不规范,已成为制约我国食用菌产业发展的瓶颈。市场规则没有建立,市场行为不规范,各自为政的销售格局,短期行为的市场导向,使食用菌产品的销售和流通处于一个无序、甚至是混乱的局面。尽管政府已经建立了多处的食用菌专业批发市场,但在市场交易原则和规范,准确、快速覆盖城郊的市场信息网络上,还有许多工作要做。如通过建立食用菌综合批发市场,建立健全检测、监控体系,在集贸市场建立快速监测站点,实行市场产品安全准入制。在龙头企业、科技示范园、生产基地设立监测室,形成了覆盖面较广的无公害监测体系,保证食用菌生产从环境、水源、种子、操作规程、加工、包装整个过程达到无公害标准。通过建立食用菌产品配送中心,规范销售服务网络,带动食用菌产业健康发展等。

五、完善食用菌生产的标准化体系建设

我国是世界食用菌生产大国,2002 年以来总产量一直占世界的 65%以上。然而,随着我国加入世贸组织(WTO)和国际市场的激烈竞争,我国食用菌在国际市场上的状况却每况愈下。据海关提供的数据,我国食用菌出口由 1995 年的 30 万吨上升为 2000 年的 47.6 万吨和 2002 年的 38 万吨,换汇却分别为 9 亿、6 亿和 4.6 亿美元,平均吨价为 3 000 美元、1 255 美元和 1 213 美元,呈现明显下降趋势。我国食用菌生产大多数分散在千家万户,生产规模小,条件差,设施简陋,科技含量低。这种生产方式很难保证质量和安全。加上我国食用菌生产标准滞后,检验、监督制度不健全,致使一些产

品的药物残留量及有害物质超标;在加工流通过程中,包装、运输设施落后,市场交易和运输方式处于初级状态,往往造成污染。我国食用菌产品无论内在品质还是安全卫生标准,都与国际市场的需求存有较大的差距。加上我国加入 WTO 后有些国家设置技术性贸易壁垒,导致我国食用菌出口业绩下降,换汇减少。造成目前状况的主要原因是没有相关的行业标准。建议政府应尽快制定食用菌产业的行业标准。

目前农业部已经就食用菌产地环境、投入品以及菇类生产技术规程颁布了有关标准,努力从源头上规范食用菌的生产。但是,完成这些标准的制定需要花费一笔数目不菲的资金,需要几年的时间。另外,在我国针对各个不同菇类的标准还很少。企业和菇农缺少参考的标准。国外相关指标很多,资料显示,目前仅在农药残留限量指标上,国际食品法典有 2 572 项,欧盟有 22 289 项,美国有 8 669 项,日本有 9 052 项,而我国国家标准、行业标准只有 484 项。可见,我国的标准体系还很不健全甚至落后。

标准化制定和标准化生产是发展我国食用菌产业的战略举措和提高食用菌产品质量的根本途径,也是增强市场竞争力和扩大食用菌产品出口的关键。中国食用菌协会与政府相关部门,提出逐步建立一批食用菌标准化生产示范企业(包括食用菌基地县)。通过示范企业,取得经验,以点带面,为食用菌行业推行标准化生产提供示范。在国家还没有出台食用菌质量系列标准之前,有关地方或企业可根据实际情况,先行制定地方标准和企业标准。一些企业已经走在了改革的前列,如以生产白灵菇鲜品和罐头而知名的北京金信食用菌有限公司为例，该公司依据企业所涉及的各个职能部门的国家标准和行业标准，制订出适合本企业的《企业标准体系》，包括《技术标准体系》、《管理标准体系》和《工作标准体系》3个系统。具体为产地环境标准、农用物资产品标准、生产技术及产品标准、安全卫生标准、检验检疫标准、销售标准等。在生产过程和加工过程中具体实施，通过科学管理，标准化生产，降低了生产成本。提高了菌袋成品率和商品菇率，公司已通过ISO 9000国际质量体系认证和HACCP国际食品安全认证。已同3个国家的代理商和国内10余个省的代理商签订了产销合同，产品供不应求，获得了明显的经济效益。公司还以优惠价格卖给农户菌袋，按标准化进行生产，产品大部分都达到收购水平，既带动了周边农民致富，又保证了公司的产品来源，达到了双赢目的。

食用菌生产各种质量标准的建设和实施是一个系统工程，它涉及生产、加工、流通等多个环节和许多部门，有关部门、有关企业、有关生产者和经营者执行标准更为重要。

政府在支持标准化体系建设的同时，还应完善菌种培育标准化规程，安全生产标准化规程，产品质量检测标准体系并实施全程监控。还应支持科研技术部门不断研发出食用菌产品检验、检测先进的仪器、设备、技术和方法，进而提高检测的速度和准确性。建立食用菌质量标准的奖惩机制，全面实行市场准入制度，好菇卖好价，淘汰低劣产品，激发企业、生产者和经营者自觉搞好标准化生产，提高产品质量。

建议政府在实施食用菌标准化方面应采取以下措施。

(一)强化源头管理,净化产地环境

采取有效措施加强对食用菌产品产地环境的监测,及时有效地防止生产环境污染,严格禁止使用未经处理的污水、废水,强化产品供水水质的管理。重点解决农药等农资投入品对生态环境和食用菌产品的污染。大力推广应用臭氧灭菌机、紫外线等物理方法进行消毒、灭菌、杀虫。加大食用菌生产环境的评估力度,确保源头净化,确保产地环境符合食用菌产品质量安全要求。对环境评估不符合要求的区域,坚决禁止食用菌生产。

(二)严格投入品的管理

抓紧制订农资投入品标准。对食用菌产品质量安全构成威胁的农药等投入品要尽快予以淘汰。

(三)加强产品质量全程监测

生产基地和各类加工企业,要严格执行食用菌卫生管理制度,栽培操作规程、技术标准、产品质量标准。严格按照标准组织生产和加工,科学合理使用农药、添加剂等投入品。为实现食用菌无公害生产,必须对食用菌产品质量安全严格的全过程管理,全面开展产地环境、生产过程和产品质量检测。一是产前要加强产地环境监测,同时要加大食用菌菌种生产和经营的监管力度,严格控制劣质菌种流入市场;二是产中要严格按照标准组织生产,从品种选用、用水、病虫害防治到产品收获都要按照标准化生产的有关规程进行操作;三是产后产品质量也要加强定期和不定期的检测,避免超标产

品进入市场。有关单位要将产地环境、生产过程和产品质量的检测结果定期公布。

(四)加快质量标准体系建设

按照技术先进、符合市场需求和与国际标准接轨,要求生产基地和生产、经营企业要尽快建立包括食用菌生产技术、加工、包装、贮藏(保鲜)、运输等环节的质量标准体系。尤其要加快建立食用菌产地环境、生产技术规范和产品质量安全标准体系,并不断完善配套。各地和生产加工企业要根据实际情况,参照国际标准抓紧制定地方和企业的产品质量标准和栽培操作规程。要求生产经营者要逐步推行产品分级包装上市和产品标识制度,对包装上市的食用菌产品要标明产地和生产、经营者单位。逐步做到从产品生产、加工、包装、贮藏(保鲜)、运输到市场销售的各个环节都有产品质量卫生检验、检测指标及合格证明,使食用菌生产、加工、流通的各环节都有统一的标准和技术规范。要求具有一定规模的生产、经营企业要采用先进的检验、检测手段、技术和设备,建立严格的产品自检制度。要求各企业要逐步配备快速检测仪器设备,加强简便、快速、准确、经济的检验、检测技术和设备的开发,进一步提高检验检测技术水平和能力。

食用菌标准化生产要在当地政府的领导和主管部门的支持下组织实施。区、县的食用菌协会应及时总结传播各地、各企业推进标准化生产的经验,加强与上级有关部门的沟通,争取支持帮助,并积极向国家有关部委推荐标准化生产搞得好的生产基地、生产和经营企业以及食用菌无公害名牌产品等。

六、建立相应信息服务体系

建议政府要加强网络建设,特别是对一些食用菌生产量较大的区、县、镇和食用菌加工企业,均要要求他们建立自己的食用菌专用网页,配备专门人员,加强信息的采集、分析、发布和利用,实施信息发布制度,为食用菌产销提供全方位服务。

七、支持生产管理体系

针对菌种生产、销售等工作中存在的问题,政府部门应根据《种子法》要求,逐步对辖区生产、销售菌种的单位和个人进行登记造册,培训上岗,并建立生产、销售许可证制度,尽快完善市、县、乡三级菌种繁供体系,将菌种的生产和管理纳入法制化轨道,确保供应广大菇农优质菌种。农业、环保等部门要加大对栽培原料、大气、土壤、水源等监测力度,减少和杜绝农药、激素的使用,尽快完善主要食用菌无公害标准化、规范化栽培技术,使无公害食用菌真正成为绿色食品,成为农村经济的一项支柱产业。

八、加大科技支持

政府在工作中始终应把科技支持和科技创新,作为食用菌产业新的动力放在首位来抓。目前我国食用菌科学研究滞后于生产。现在全国专业从事食用菌科学研究的人员还比较少，在国际食用菌学术舞台上还没有我们应有的位置。在以质量效益为主的现代生产中，我国的食用菌技术支撑出现了危机，科研工作无法满足生产和市场对菌种更新换代、品种多样化和产品优质化标准化的需求，滞后于工厂化生产的发展。在我国农业科研的布局与结构中，食用菌科研正处于一个不断下滑和弱势的位置。这种趋势应引起政府高度的重视。

九、引导培育企业

目前，城郊食用菌企业的龙头带动作用还很薄弱，产供销一体化的产业发展格局尚未真正形成。在我国大规模、群众性食用菌生产发展过程中，先后出现了一批食用菌企业，除九发集团已形成产供销一体化的规模经营外，其他企业大多是以销售为主的贸易型企业，它们与广大菇农仅仅是利益分配关系，而且在激烈的市场竞争中，菇农往往成为市场与商家的牺牲品，一些企业经营规模都不大，产品也较单一，在经营产品中，往往以原始产品、初级产品为主，加工升值的产品很少。在现代农业产业发展中，龙头企业、骨干企业的带动作用和对市场与生产的调控能力，是这个产业有无竞争力的一个重要因素，而目前我国食用菌企业的这种作用还很薄弱。食用菌企业并没有成为食用菌产业的主体，这也是我国食用菌产业发展新阶段中一个突出的问题。应引起各级政府中相关部门高度重视。

实践证明，在现阶段，公司＋农户是我国食用菌发展最有效的产业模式，一个九发集团就带动了10多个县几十万农户的双孢蘑菇生产，而且通过统一供种，统一培养料制作，统一的栽培技术，使菇的产量和质量有了很大提高，公司定点收购，解除了菇农卖菇难的后顾之忧。中国的食用菌产业如果能有几个、十几个这样的大型骨干企业，才能真正确定其在世界上作为一个食用菌强国的位置。一个城市郊区能有几个这样的企业，市民的菜篮子里才能有更多的菌类食品。

十、管理指挥型向服务功能型转变

优惠的政策会给食用菌发展创造宽松的环境，但优质的服务更重要。城郊食用菌发展靠优惠政策只能发展一时，要持续、快速、健康发展还必须有一种长效机制作保障，那就是长期、良好的优质服务。要实现这一点，城郊政府的工作重点应从纯粹的管理指挥型向服务功能型转变。

城郊食用菌发展中需要政府部门提供更多的技能帮助和支持，解决产业发展、行业管理和生产技术上存在的难题。区、县干部如果没有掌握这方面技能，服务群众势必成为一句空话。随着社会主义市场经济的快速发展，区、县、乡镇政府职能部门和干部的工作方式都在发生变化，向主动型、服务型、经济发展型转变。所以，主管干部要因需选题苦学技能，熟练掌握至少 2 门以上技能，这方面产菇大县浙江省丽水市庆元县已走在前面。

庆元县采取全面提高与重点突破、集中学习与个人自学、专家辅导与实践研讨相结合的形式，分骨干培训、集中培训、自主培训三个层面进行，广泛开展乡镇干部技能学习培训活动。并采取半月一课、一技一考，考试成绩存档，列入年终考核的方式，促使乡镇干部用心学习技能。在一系列措施激励下，乡镇干部学习技能蔚然成风，食用菌产业蓬勃发展。干部们除了苦学农业、工业等方面的技能外，还学政策、法律知识和行政管理技能，以切实提高处理问题、排解矛盾纠纷的能力。不少乡镇干部成了“土律师”和企业管理专家。

十一、加大市场宣传力度

希望政府要加大对食用菌产品质量安全方面的有关政策、法规、标准、技术的宣传和培训，提高全行业产品质量安全意识，形成全社会关心、支持食用菌产品质量安全管理的氛围。

在市场宣传方面，要看到城市是一个巨大的食用菌市场，目前我国人均年消费食用菌不到 3 千克，而且多数人对食用菌的认识只是停留在补充和丰富食品的层次上，对其丰富的营养内涵和动能作用却了解甚少，如果我们在引导消费，扩大宣传上多做一些工作，把食用菌往营养食品、健康食品上引导，使人均年消费量增加 1 倍，中国食用菌生产则将出现一个新高潮。在这一方面政府的重视程度还应加强。我们应看到，中国食用菌市场还要加强宣传，大力开拓。台湾省在这方面有过很成功的经验，南投县菇业工会中有会员几百人，菇业工会的一项重要工作就是引导消费者如何吃食用菌，如何吃更多的食用菌。现在,越来越多的中国人都在探讨如何提高生活质量,食用菌作为一种富含优质蛋白质的健康食品,应该成为新世纪人类新的主流食品,这应该引起政府足够的重视,从而在这方面投入更多的财力、物力和人力。

主要参考文献

1　李静绮．在首都农业产业结构调整中充分发挥菌业经济的作用．北京食用菌信息．北京食用菌协会主办，2002 年第 3 期，P4～6

2　陈文良．我国食用菌产业地发展趋势、存在问题与对策．北京食用菌信息．北京食用菌协会主办，2005 年第 3 期，P1～5

3　王贺祥．食用菌产业的现状及发展方向．北京食用菌信息，2004. 第 4 期．P1～4

4　郭志明，王武装．房山区食用菌发展的调研报告．北京食菌信息，2005. 第 2 期．P4～8

5　师迎春．食用菌病虫害防治技术．北京食用菌协会．食用菌研究新成果新技术研讨会论文集，2004. 11

6　吴志江．目前我国食用菌加工现状和发展对策．现代商贸工业，2003. 第 10 期．40～42

7　杨小兵，吴清平．广东省食用菌产业化示范．中国食用菌，22 卷第 1 期 3～5

8　刘遐．我国食用菌工厂化生产发展若干重要关系(一)(二)(三). 食用菌，2005(1)1～2

9　田茂林．浅谈食用菌产业化建设中的产品包装．中国食用菌，17 卷第 5 期 4～5

10　谭琦．我国食用菌产业发展中存在的几个问题．新浪网，2005. 8

11 黄年来．中国现代菇业发展现状及展望．食用菌，2004(4)2～3

12 秦俊哲，吕嘉枥．食用菌栽培学．西北农林科技大学出版社，2003

13 北京食用菌信息，2001～2005

双孢菇培养料一次发酵

标准化菌种生产

北方草菇周年生产菇房外景

责任编辑：徐嘉祥　封面设计：侯少民

城郊新农村建设丛书

Chengjiao Xinnongcun Jianshe Congshu

城郊村干部如何当好新农村建设带头人
城郊农村如何维护农民经济权益
城郊农村如何办好农民专业合作经济组织
城郊农村如何搞好人民调解
城郊农村如何发展蔬菜业
城郊农村如何发展果业
▶ 城郊农村如何发展食用菌业
城郊农村如何发展畜禽养殖业
城郊农村如何发展花卉业
城郊农村如何发展苗圃业
城郊农村如何发展观光农业
城郊农村如何搞好农产品贸易
城郊农村如何办好集体企业和民营企业
城郊农村如何搞好小城镇建设

ISBN 978-7-5082-3943-9
定价：9.00 元

ISBN 978-7-5082-3943-9
01>
9 787508 239439